大
方
sight

U0530350

JANE
JACOBS

09

The Last Interview
最后的访谈

简·雅各布斯

[加] 简·雅各布斯 著
李婵 译

中信出版集团｜北京

图书在版编目（CIP）数据

简·雅各布斯：最后的访谈 /（加）简·雅各布斯著；李婵译. -- 北京：中信出版社，2024.10
书名原文：Jane Jacobs: The Last Interview and Other Conversations
ISBN 978-7-5217-6559-5

I.①简… II.①简…②李… III.①简·雅各布斯－传记 IV.① K837.126.16

中国国家版本馆 CIP 数据核字 (2024) 第 093433 号

JANE JACOBS: THE LAST INTERVIEW AND OTHER CONVERSATIONS by JANE JACOBS
Copyright © 2016 BY MELVILLE HOUSE PUBLISHING
This edition arranged with MELVILLE HOUSE PUBLISHING
Through BIG APPLE AGENCY, INC., LABUAN, MALAYSIA
"The Last Interview" © 2005 by Robin Philpot. First published in *The Question of Separatism, Quebec and the Struggle over Sovereignty* (Baraka Books, 2011)
Simplified Chinese translation copyright © 2024 by CITIC Press Corporation
ALL RIGHTS RESERVED
本书仅限于中国大陆地区发行销售

简·雅各布斯：最后的访谈
著者： ［加］简·雅各布斯
译者： 李婵
出版发行：中信出版集团股份有限公司
（北京市朝阳区东三环北路 27 号嘉铭中心 邮编 100020）
承印者： 河北鹏润印刷有限公司

开本：880mm×1230mm 1/32 印张：4.25 字数：91 千字
版次：2024 年 10 月第 1 版 印次：2024 年 10 月第 1 次印刷
京权图字：01-2024-2347 书号：ISBN 978-7-5217-6559-5
定价：39.00 元

版权所有·侵权必究
如有印刷、装订问题，本公司负责调换。
服务热线：400-600-8099
投稿邮箱：author@citicpub.com

目录

1 和平惊扰者：简·雅各布斯
采访者 伊芙·奥金克洛斯｜南希·林奇
《佳人》杂志，1962 年 10 月

19 西路如何毁掉纽约
采访者 罗伯塔·布兰代斯·格拉茨
根据《纽约》杂志扩充，1978 年 2 月 6 日

47 美国城市的教母
采访者 詹姆斯·霍华德·昆斯特勒
根据《大都会》杂志扩充，2001 年 3 月

101 最后的访谈
采访者 罗宾·菲尔波特
选自《分离主义的问题》（巴拉卡出版社，2011 年），
2005 年 5 月 2 日

城市规划师就像那些一味谈论"医术"但丝毫不关心人体的医生。

DISTURBER OF THE PEACE: JANE JACOBS

和平惊扰者：
简·雅各布斯

采访者
伊芙·奥金克洛斯
南希·林奇

《佳人》杂志（*Mademoiselle*）
1962 年 10 月

简·雅各布斯曾担任《建筑论坛》杂志（*Architectural Forum*）的副主编。她撰写的《美国大城市的死与生》一书，强烈抨击了城市重建这一教条。自一年前出版以来，这本书引发了人们的热烈讨论。城市规划者往往持批判态度，但那些认为城市越来越没有人情味的读者则热烈回应着她新鲜且富有想象力的想法。简认为，多样性是城市活力的源泉，而多样性本身又根植于不同住宅、商业和工业，新、旧建筑，以及富人、穷人的混合，建立在街区繁忙的街道与众多住户的基础上。无论对她的观点态度如何，大家都认为她有所突破。几个世代以来，人们终于在城市运作问题上提出新想法，甚至尝试投入应用。本书是《佳人》杂志访谈录音系列第九部——"和平惊扰者"。

奥、林 能帮助我们过好生活的城市该是什么样子？

雅各布斯 在经济和社会层面都必须是富饶的土地，造福成千上万的人民。

奥、林 你认为宜人的城市能够带来富有创造性的生活吗？

雅各布斯 大城市能为拥有不寻常商品或新想法的人提供最多的机会——从这一点看，答案是肯定的。只有宏伟的大城市才能支持没有完全标准化的商业或文化。如果无法提供上述服务，就无法突显城市的优势。光是缺点（并且它们确实存在）而没有优点，一切有什么意义？

奥、林　　　看看那些各式的专业化是多么的愚蠢。比如，纽约市所有艺术品不是分散的，而是都被塞进了两三个博物馆。惠特尼博物馆本来在市中心，如今却沦为现代艺术博物馆的附庸。

雅各布斯　　由官方把所有相似的东西摞在一起，这个想法本来就很荒谬。我确信人们只是顺道才会去惠特尼博物馆。当它以独立身份存在时，观众才会特意去参观那里的藏品。

奥、林　　　有什么方法可以逆转这一过程吗？

雅各布斯　　事情的发生并非必然。所有这些隔离都是刻意规划的结果——诸如庞大的博物馆、林肯中心和住房项目。政府的极大权力被创造出来实现这些用途单一的岛屿，因为这被认为就是组建城市的方法。这不仅仅是逆转这一过程的问题，因为光是不规划是不够的。既有因为缺乏规划而恶化的地段，也有因为规划产生的问题区域。我相信会有变化的，但要从知道城市存在问题开始，然后改变城市的组建方式。虽然听起来有些负面，但在这之前还需要通过市民的抗争，让现在的行事方式不再可能或者寸步难行，只有这样情况才会改善。

奥、林 事情要恶化到什么程度才会激起反抗？

雅各布斯 我认为反抗已经开始了，不仅是在纽约，而且在许多其他大城市——芝加哥、克利夫兰、费城、波士顿。我们必须立刻开始改进。仅仅是暂停目前的做法，我不认为是一种进步。这只是为不同于现在的更好的城市规划方式提供开始的机会。

奥、林 糟糕的交通在导致大城市之死中产生了多大影响？

雅各布斯 交通问题非常严重，但并不是我们陷入麻烦的原因。不论我们有没有汽车，现在的这种大规模规划都非常有害。

奥、林 汽车只不过是一种借口吧？

雅各布斯 是的，这是借口之一，但不是真正原因。

奥、林 在城市中禁用私家车呢？

雅各布斯 这是一个非常消极的方法。人们对这种付出而得不到回报的计划总是充满质疑。我们应该以积极的方式清除汽车，需要更多能满足不同需求的事物——拓宽人行道，创造更多空间来容纳树木，甚至可以在有些人行道旁种上双排的树木；把死路留给车辆，而不是针对路人；为过马路提供更多路径，设立更多红绿灯——红绿灯是汽车的噩耗，却是行人的福音。此外，还应该有更方便的公共交通。

奥、林 把停车场变成溜冰场呢？

雅各布斯 可以。我们总是为了机动车而牺牲各种各样的便利设施。我觉得也可以反过来，把路基用于满足我们的其他需求，达到减少机动车数量的目的。这是价值观的转变。

奥、林 你觉得充满噪声、污垢和臭味的大城市真的适合居住吗？

雅各布斯 大城市的一些地方还是非常宜居的，但绝不一定是最时髦的那部分。格林威治村就很适合居住。在当下，富有生机、趣味的地区和安全的街道往往供不应求。

奥、林 可以仿照格林威治村规划更多的区域吗？

雅各布斯 你肯定不会想再复制一个格林威治村，但在这里奏效的原则同样可以应用在其他地方，现实也确实如此。比如住宅、商业、文化和制造等类型建筑都混合在一个社区，新旧建筑交杂，街区短小。我在书里描写的我所居住的地方，实际上就是一个相当普通的城市类型。它的价值并不在于特定族裔或高收入群体。来自全国各地的读者都曾告诉我，那是在描述他们居住的地方。有人批评我的观点有波希米亚或者工人阶级特色。我不知道我的观点属于什么阶级，但我描述的一直就是城市生活，许许多多在城市生活的人都觉得十分熟悉。有人说我是在描述一类特定的地方，觉得虽然这些地方或许应该被保留，但肯定和通常的城市无关。我觉得这些人没有亲身体验过城市生活。他们没有亲眼观察。

奥、林 你为什么会选择居住在这里？

雅各布斯 像这样的地方或许很破旧，但一个人可以感受到它整体上充满希望和健康的社会氛围。如果是一个稳定的社区，人们住在那里不搬走，那这就是一个宜居的地方。人们应该更加关注自己的直觉。有时候凭直觉就可以知道什么是正确、舒服和愉快的。人们跟我谈论我的书时经常说："我一直对我住的小区有那种感觉，但我觉得那本来就是为了我们好的，所以从不说出口。"当很多专家都持同一观点时，人们就不再信任自己了。这是错误的。归根到底，每一个住在城市的人都可以成为城市专家。

奥、林 那些自视为专家的城市规划者怎么样？他们是怎么训练出来的？

雅各布斯 不少人是在建筑学院失败后，进入了城市规划学院。这几乎是一个以提高社会地位为目的的职业，吸引了那些想要从事有点专业性的工作，但又不想要对学习或实践要求很高的人。每个城市都有一个规划部门，还有负责住房和重建的机构，他们要找工作很容易。说来有趣，我从建筑师和规划师那里收到的信件内容完全不一样。建筑师一般和我讨论书的主题，即城市的运作方式。无论他们的观点和我的是否一致，这就是他们谈论的内容。来自规划师的信没有一封是讨论城市问题的，而是关于抽象的"规划"概念。他们痴迷于专业精神。他们就像那些一味谈论"医术"但丝毫不关心人体的医生。

奥、林 这种职业是怎么出现的？

雅各布斯 它起源于美国城市还没有规划委员会的时候。我认为是吸引了一些不想看到自己的成果成为现实的人。教条变成了完整的体系，培养了一代又一代的教师，却从来没有将那些教条付诸实践。居然有人愿意加入什么都不会发生的事业，真是奇怪。到了1930年代，人们开始有机会取得成果，尽管可能不光有他们想要的结果，但这些住房项目总归是某人的规划。

奥、林　　　城市规划的一个现实问题在于他们的设想太宏大了吧？

雅各布斯　　是的，这种宏大的设计方式是正统规划教条的固有属性，把事情过于简单化。一下子就创造出一个鲜活的城市肌理，那是不可能的。事情得慢慢生长。真正有效的城市规划应该是在了解所有情况后再机智地即兴创作，我们生活中大多数的规划都是如此。商业、小孩的教育等计划都是这种随机应变的结果。城市改造更是一种尤其特殊的规划。那种同时把整个地区连根拔起的计划完全不符合现实的生活与发展情况。此外，这一计划中还存在着这样一种理念，认为人们应该追求并一直保持完美的状态。这显然是一种毁灭性规划。人们为城市规划作出了大量牺牲，并且几乎所有的牺牲都被视为出自正当理由——既然有这么多人或企业被连根拔起，那肯定是进步。城市规划者总是说，不打破鸡蛋怎么做蛋卷。但这谈论的是人，不是鸡蛋！如果规划对人们有帮助，那就应该使他们过得更好，而不是更差。有一种观念认为，某些群体必须为了共同利益而牺牲，但没有人可以明确说出这种共同利益是什么。而实际上，它当然应该是由大量更小的利益组成。这样的共同利益并不会和个人的实际利益发生冲突。

奥、林　　　如同你批评花园城市的规划者一样，也有人批评

	你的观点——宜人的环境就可以确定价值观和生活方式。对你来说，宜人的环境是热闹的街道，在对方看来则是树木和草地。你们不都是物质决定论者吗？
雅各布斯	用类比可以很好地解释我们之间的一个区别。假设你正在设计一间会议室。这和确定会议是要做出什么决定有很大不同。社会是一场无休止的会议，人们的言谈举止被他人见证，事情在其中发生。但是，除了规划者作为社会的一员所能决定的，他无法决定会议决定的内容。"花园城市"的规划者们把一切都事先决定好了：人们的生活应该是什么样子，什么是好的，什么是坏的。所有的乌托邦思想都是如此。
奥、林	那些发起法国大革命的人想必对会议的结果早有规划。
雅各布斯	哦，政治行动绝对和会议将产生的结果有关。但它与实物设计完全不同。我相信，在社会能够紧张运作的鲜活城市里，会议可以得到卓有成效并且新颖独特的结果。但如果人们是孤立、分离的，收入阶层之间彼此隔离，那么会议根本就不会发生。如果不同类型的人才不能相聚，不同的想法无法碰撞，必要的金钱没有和必要的愿景并行，那会议就不会发生。

奥、林　　　所以郊区永远无法有会议？

雅各布斯　郊区是完全合理的住处，但无论是从经济还是社会层面上来看，它们在本质上是寄生的，因为它们依赖于城市中找到的答案。但我责怪的不只是那些规划者。我的言外之意是，责任在这样一些人身上：他们打心底知道事情的做法是错误的，却不像一个自治国家的公民那样拥有足够自信。可怕的是，我们放弃了作为公民的责任。

奥、林　　　人们在成长中感到对独立思考的无助，学校是不是也有问题？

雅各布斯　如果我来经营一所学校，就会布置一项常规任务，从一年级开始到毕业，每周每个孩子都列出一些出自权威人士但他们并不认同的话——可能来自老师，或者是他们在印刷品上读到的东西——然后对这些话进行反驳。

奥、林　　　但或许人们接受被大计划推来搡去，是因为他们已经无法了解自己真实的感情了。如今所有事情都这么复杂。

雅各布斯　他们并没有真的接受。波士顿西区的一些地方正在翻修，哈佛医学院和马萨诸塞州综合医院合作开展了一个关于城市翻修带来的心理健康问题的研究项目，并提交了一份题为《丧邻之殇》的报告。报告中说，他们早就发现，城市改造对居民来说非常具有破坏性，且令人沮丧。尽管他们已经准备好修改这些先前的调查结果，但他们依然震惊地发现，大多数居民的反应必须用悲伤来描述——这种痛苦的失落和渴望，有时候令人难以承受。这还是发生在他们搬离的两年后。你看，家不仅仅是一座建筑：家是你的属地，是你与其他人和地方之间的联系的总和。人确实有感情，并且会尽各种方式表达他们的感情，即使在被粗暴对待时也是如此。专家却恐吓他们说这种感情自私和无知，然而很不幸的是他们还愿意相信对方——相信自己的悲伤甚至是不光彩的。

奥、林 他们正在修建的公寓楼，即使是豪华型公寓，看起来也不起作用。尽管现在住房短缺，人们还是不断地搬离。

雅各布斯 这也是我对这些事感兴趣的原因。我在这些楼建好前写过关于这类项目的文章，认为这些公寓楼会住满居民。他们在长廊上漫步……画面是那么的美好。但后来我看到其中一些楼房建成后，却没有被那样使用。我觉得很有意思，并试图和规划者讨论这件事，但他们一点也不感兴趣，只一味地责怪居民。他们对出了什么问题并不好奇，这似乎很奇怪。

奥、林　　　你和里面的住户聊过吗？

雅各布斯　　聊过，许多人搬进那里是因为原来的家被"推倒"了。这当然会引发很多反感，并带来极大的流动率。豪华住宅楼在本质上与公共住宅项目没有区别。大家就是不喜欢。和是不是上流社会没有关系——人们只是对老式的住房或者褐砂石房屋更有感情，并且愿意为此付出额外费用。不是因为他们喜欢破烂的东西，也不是说他们恋旧。原因就是那些地方更适合居住。所有这些规划出来的大型建筑只有一个效果，那就是加剧了住房短缺。

奥、林　　　这种规划无疑使得公寓不再适合人类家庭居住。

雅各布斯　　是的，但在纽约，这实际上也减少了住宅的数量。还得算上整个地区在拆毁和建造期间空闲出来的时间。如果我们停止建设项目，开始建造楼房，就可以更快地缓解住房短缺的问题，也不用让这么多住户搬迁，不会破坏街区，同时可以针对需要的地方增加居民密度。

奥、林　　　有一种说法是，没有人喜欢项目，但对于美国经济来说这是唯一的办法。你怎么看？

雅各布斯　　当然了，如果你想尽办法，让项目变成唯一的行事方式，结果自然如此。没有巨额的补贴和强势领域的巨大力量，就不可能完成。这不是自然而然且不可避免的结果，而是需要花费数年才能实现的。这种想法的前提是，城市不是什么好地方。拿人作比方。我们都知道健康的人应该是什么样子，但曾经有很多把不健康的人理想化的历史阶段。例如，中国人曾以裹脚为美，再看看时装模特。但现在谁的孩子要是长那样，都会令人担忧。

奥、林　　时尚的建筑和病态的城市有多大关联呢？

雅各布斯　　现在建筑设计的发展趋势非常糟糕。这一领域受到了来自各方各面的挤压，不单单是对艺术一无所知的人对它持拒绝态度。小说家、艺术家和诗人才最反感我们现在这种类型的建筑。民众是预言家，建筑师们应该感到非常非常忧虑。他们的回答是，自己是因为他人的决定而受到指责——那些造成分区的决定和法令。但他们参与了作出这些决定的共谋且深陷其中，且没有带头纠正这些决定。他们开始疯狂地追求新奇、炫耀和粗鄙的事物，变得非常自负。这很大程度上是因为他们不知道还能做什么。

奥、林　　你是什么意思？

雅各布斯　　如果他们的审美是基于功能或者事情运作的方式，就不会堕落到只追求漂亮的效果、与众不同和怪诞的夸张。大通曼哈顿银行破坏了曼哈顿下城建筑在天空映衬下的轮廓线。从建筑来看，这是一种令人难以置信的自私和漠然的行为。做出这些事的不仅是那些不中用的建筑师。

奥、林 为什么说这是一种自私行为？难道其中没有任何真诚的表达吗？

雅各布斯 部分原因是对功能的不够尊重。功能这一概念本该是现代建筑的基础，却在几乎没有被人注意到的情况下沾染上了与最初截然不同的意义。自那以后，功能的含义变成了建筑物的使用方式。弗兰克·劳埃德·赖特在此基础上彻底改变了"家"的概念。帕金斯威尔建筑设计事务所革新了小学的设计[1]。许多建筑都在上述概念中获得了重新的思考。但现在，功能的意义不再是建筑物的使用方式，而是结构本身以及材料的功能。结果使得建筑设计越来越关注自身，而对使用建筑的世界越来越不感兴趣。因此出现了像通用空间这样的术语，指一大片不加区分的区域，而这实际只是人们使用巨型构架的借口。事实上，除了大礼堂之外，这种空间作几乎任何用途都非常糟糕。从功能的旧定义来看，褐砂石旧房子是最"通用的空间"之一。看看这些有不同

---

[1] 帕金斯威尔建筑公司（Perkins and Will）的第一个项目是克劳岛小学，并借此获得教育设计领域的肯定。（本书脚注如无说明均为译注。）

用途的空间：它们被用作住宅、商店、学校和办公室，并且这些用途都只需要微小的变化，因为这种大小房间的组合具有显著的适应性。当建筑设计不再关心其用途和使用者，而是对自身更加在意时，就是自恋。就像所有远离事实的东西一样，它开始变得自作聪明，开始围绕自己说一些哗众取宠的话，因为没有别的可谈。

奥、林　　建筑师不再想要给人带来惊喜，而只想带来惊吓？

雅各布斯　是的，我认为建筑设计杂志也是帮凶，因为新奇的建筑在照片中显得非凡而惊人。在我看来，路德维希·密斯·凡德罗设计的建筑外观之所以如此受欢迎，主要是因为他设计的建筑十分上相。

奥、林　　弗兰克·劳埃德·赖特怎么样？

雅各布斯　他设计的建筑在照片中效果不佳。在我看来，他的建筑实际看起来比照片上更美观，更令人兴奋。也正是因为这个原因，人们很难成功地模仿他。因为建筑设计对他来说不仅仅是视觉上的事情。他真的会从功能的角度重新思考问题。然而，如今对功能缺乏关注并不是专属于建筑设计或城市规划的疾病。大家好像不再清楚事情运作的方式了。许多理想化的设计都忽略了事物的功能，或者掩藏了它们的功能和作用方式。就像我们过去看到的蒸汽机，轮子和其余一切都暴露在外面。之后我们给这些蒸汽机罩上了一层挡板，尽可能把所有都遮盖起来。我们现在所谓的设计，很多都是在掩藏。

奥、林 为什么会这样呢？

雅各布斯 我不知道。有意思的是，我们被认为是一个对待工作极其严格谨慎的国家，不以工作为耻，甚至以工作为荣。然而，我们实际对工作的态度非常矛盾。请注意，我不是在把现代化发展以前的阶段理想化。我认为，那时候女性的生活一定是最可怕的苦差事。但是，当我看到老房子时，我必须说，我认为今天人们失去了一些东西。厨房和洗衣房显然应该是几个人一起干活的地方。我们现在有很多要独自完成的日常杂事，比结伴干活无聊多了。所以我们必须打开收音机。

奥、林 你认为城市重建的未来是怎样的？

雅各布斯 我认为它会因为自己的窘迫和惨败而死。

奥、林 有没有人盘点过其中的成败呢？

雅各布斯 我觉得没有。不久前我在电视上与来自纽约州北部的一位规划师对谈，他在讲述城市重建是如何伟大和必要。我对他说："告诉我一个真正成功的城市改造项目。"他想了一会儿，最后说出了一个还不存在的项目，还只是一个计划。我说："不，计划里的人都在做你预想中的事情，那都只是计划。告诉我一个已经建成的项目。现在已经有很多完成了的项目。"然而他说不出来。

奥、林 你似乎认为城市规划者痛恨城市。他们为什么会这样呢？

雅各布斯 我不知道。很多人讨厌城市。但要去规划你讨厌的事情，这是一个非常糟糕的政策。他们中的有些人的确会赞扬城市的许多特质，包括它们的活力、多样性，以及不同类型人群之间的接触，但这些人对事情的运作方式并不感兴趣。他们还是武断地规定事情应该是什么样子——每英亩的人数、开放空间的大小，等等。这些不过是一厢情愿。在计划中，你提供了长廊，大家就应该在上面漫步；你建了购物中心，人们就该去那里购物。不，我同意 C. P. 斯诺的说法，理解事情的运作方式非常重要，特别是如果你要修补这些事情。为什么人们选择特定道路？他们为什么出现在这里，而不是其他地方？商店在经济上成功或失败的原因是什么？如果不以这样的方式表示尊重，那你不过是在空谈，不过是一厢情愿。

人们只是痴迷于重复同样的错误。

这就是西路计划的可怕之处:纽约无法掉头重来。

HOW WESTWAY WILL DESTROY NEW YORK

西路如何毁掉纽约

采访者
罗伯塔·布兰代斯·格拉茨

根据《纽约》杂志(New York)扩充
1978年2月6日

毫无疑问，来自奥兹国的多萝茜[1]和任何出生在堪萨斯州的人都会因为这个计划毫无遮掩的放肆感到眼花缭乱。这是一条真正的金砖路，每英寸耗费4 359美元，自曼哈顿下西区往北长4.2英里。六车道的隧道主要建在从炮台公园到42街的垃圾填埋场上，取代了通往34街的码头。这条价值数十亿美元的高速公路可能会取代曼哈顿下城的相当一部分经济区，包括14街的甘斯沃尔特肉类市场——那家市场直接雇用了4 500名员工，另外还带动了附近为肉类市场员工提供服务的咖啡馆、酒吧、餐馆和市场的3 500个工作岗位。而城市规划者的房地产投机和重建幻想，毋论其施工干扰，无疑会驱走更多在下西区的企业。这些企业之所以能够在那里生存，就是因为租金较低。

这十年有计划的破坏号称将在新泽西州、宾夕法尼亚州和康涅狄格州创造就业机会（但在纽约的机会很少），然后留下城市规划者非常喜爱的孤立、荒凉的高层社区……简·雅各布斯，你现在在哪里？

我们在加拿大的多伦多找到了她。作为美国首屈一指的针对城市大规模盲目规划的批判者，她已经离开了美国。

她现在是一个精英文学小组的成员。一本畅销书能对特定

---

[1] 来自奥兹国的多萝茜（Dorothy of Oz）是童话故事《绿野仙踪》中的主要人物。

区域的传统观念产生如此深远的影响，使其发生明显的永久性变化，这是难得一见的。这个由现代作家组成的俱乐部规模十分有限，他们的书都曾显著地影响了我们对社会的思考方式。包括拉尔夫·纳德的《任何速度都不安全》、约翰·肯尼思·加尔布雷思的《新工业国》，以及蕾切尔·卡森的《寂静的春天》。

简·雅各布斯因为她在1961年发表的《美国大城市的死与生》一书，成了这个精英俱乐部的一员。在这本书出版以前，城市改造意味着推土机和大规模重建、高层贫民区和四车道高速公路。这本书出版后发生了很多事情：社区复原、街区协会、大规模的历史建筑保护，以及人口的不断迁移——包括让中产阶级重返市中心，如西村、苏豪区、公园坡、哥伦布大道和史坦顿岛北岸等地。正如蕾切尔·卡森为那些被忽视的荒野作出的贡献，简·雅各布斯也改变了不断扩张的城市荒地。

像纳德和卡森一样，简·雅各布斯也是一名战士式的哲学家。她没有回避自己的作品所迅速引发的战斗。在整个20世纪60年代，她成功领导了一系列战斗，针对曼哈顿下城高速公路规划、1955至1956年穿越华盛顿广场公园中心的道路规划，以及1961年西村城市改造计划。那样的高速公路会切断小意大利，排放出的废气可能会令唐人街窒息。苏豪区会胎死腹中。

为什么一个为纽约街区如此努力奋斗的女人离开了家乡呢？简·雅各布斯一家人是越南战争的早期"受害者"。她在这个城镇生活了三十年，在这里结婚并养育了三个孩子。然而，在1968年，她的两个刚要达到征兵年纪的儿子詹姆斯和爱德华决定发起抵制。

简·雅各布斯一如往常地把家庭放在第一位，搬去了加拿大。

雅各布斯一家在多伦多寻求庇护，那里现在是加拿大最大的城市。他们高兴地发现了一个"像过去的纽约"的城镇。在过去的十年中，雅各布斯一直保持低调，谨慎地避开公众的目光，拒绝络绎不绝的采访和演讲要求。然而，即使在多伦多，她仍然积极批判城市规划专家，并正在撰写另一本书。

上个月末，我与简·雅各布斯在她位于多伦多的家中交谈。聊天以西路为主题，引起了迅速且情绪化的反应："西路对纽约城的破坏仅次于破产，"雅各布斯说，"它是纽约面临的关于未来最重要的决定。没有哪个市长能对纽约产生如这条高速公路一般的影响。如果艾德·柯屈在任期内只做停止西路项目这一件事，也可以成为这座城市的伟大市长之一。"雅各布斯还谈到，西路是关于城市的一个隐喻，对它的态度取决于一个人对城市是什么以及它可以变成什么的看法。

格拉茨　你是怎么加入针对曼哈顿下城高速公路的抗争中的？

雅各布斯　报纸上的相关内容很少，如果不是在市政厅碰到其他抗议的居民，我不会知道正在发生这样的事情。关于这件事的报道情况就是如此糟糕。人们几乎没有把它当作新闻。

（任职于小意大利的圣十字堂的）拉蒙坦神父和他的教区居民一直在和这一项目斗争。曼哈顿下城高速公路本会摧毁他们的街道、教堂、教区居民、商店，等等。他们的斗争发生在我们的西村斗争胜利后不久，所以他在 1962 年初问我是否愿意参加相关的会议。我不愿意。我刚经历了可怕的一年。我们直到 1962 年 2 月才使得西村城市改造命令被取消，花费了整整一年时间。在这一年里，我几乎没有合过眼。我们几乎没有一个人吃过饭，因为不断有人来访。但没关系。这都是必要的。

我们一直在开会。人们不断来访，想看看有没有什么新闻。我们邻里之间约定，如果不想让任何人进来，就把前灯关掉，但如果灯亮着，邻居就可以进来。大多数时间大家都在工作。我们只有在晚上才能做这些事情，所以一整年一家人就是这样过来的。我们也不想错过这件事——我的意思是，谁都不想碰上这样的问题，可一旦遇到了，我们就不会放弃抗争和赢取胜利。这是毫无疑问的。但那之后我们非常疲惫，一想到要开始另一场战斗……拉蒙坦神父花费了一番工夫才说服我参加会议。

我开始明白这场斗争与华盛顿广场的战斗有关。如果这条高速公路横穿而过，我们在华盛顿广场的抗争将会付出惨痛的代价。会有支路不断出现，即使不是穿过华盛顿广场，也会建在非常近的地方——或是在村镇的其他地方出现。这些怪物会不断回来。

此外，一些我们以前不了解的关于城市改造战斗的事情开始变得清晰。我们不断听闻，大卫·洛克菲勒在曼哈顿的开发办公室里有一张地图。很多看过那张地图的人都会告诉我们它的情况。那张地图展示了曼哈顿两岸高速公路和新房地产开发的组合，一直持续到西城。所以我开始发现，这实际是同一场战争的其他方面，有人对纽约的未来有了宏大的规划。我们不断撞见这一规划，它十分可怕。你会不断看到这个规划的一边一角，而公众并不太了解这个规划的整体——这种看法并不是疑神疑鬼。很明显，它将为村镇及其居民带来巨大的灾难。

格拉茨 看起来正像是《美国大城市的死与生》一书里描写的冲突。

雅各布斯 是的。事情比我在写那本书时相信和预想的还要糟。我不敢相信在纽约会发生如此愚蠢的事情。

格拉茨 说说你在 1968 年被捕的事。

雅各布斯 当时政府正在举办一个听证会，旨在大力推动那即将开始的大规模土地开发。忽然之间，他们开始淡化，或者说忽视汽车的数量，因为他们现在更关心污染的因素。委员会在调查高速公路对环境的污染，他们非常害怕。人们没法不质疑：如果这个开发计划不会因为能增加大量新车而加重污染，那如何解释所有花销？他们会说：这不是听证会关心的问题。这都是在装模作样。

奇怪的事情发生了。我习惯了财政监察委员会的听证会。在会中，为说话人准备的话筒正对着举办听证会的人，也就是要做决定的那些人。说话人往往背对着听众。然而，在这场听证会上，话筒的方向正好相反。说话人背对着政府官员。这非常具有象征性。

所以，轮到我说话的时候，我提醒大家注意这一点——我们不是在对着听证会上的官员说话，而是在与彼此交谈。这就是在装模作样。此外，我们是否在对官员说话，这也不重要。因为他们也不是最终的决定者。他们不过是跑腿的，被州政府派来主持会议，让我们在听证会的幌子下发泄精力而已。这是个虚伪的听证会。

我决定至少应该让他们给政府带去一些信号，表明我们对现状的不满。既然谈话不可能传递那样一种信号，因为他们根本不在听，我决定径直穿过讲台，让他们知道我不满足于待在台下和我的市民同伴们对话，我想要他们立刻得到这一信息。我还说："有谁想和我一起的，来吧。"这是我对台下的市民说的，而不是对听证会上的官员。他们故意让我们自己对话，所以我决定那样做。然后我登上讲台。接着几乎所有的听众也起身,开始跟着我穿过讲台。我要做的就是这些——穿过讲台,从另一侧的台阶下去。

这让他们陷入了令人难以置信的慌张,不过是因为手无寸铁、完全彬彬有礼的人站了起来,逐渐与他们接近。从来没有人看起来是如此害怕。他们在讲台上安排了一名警察。当我和几乎所有的听众一起走上台时,一切都很安静,绝对的安静。除了主席——那位国家工程师——不停地喊着:"警官,逮捕这个女人!逮捕这个女人!"

他一开始并没有逮捕我,只是走过来对我说:"雅各布斯夫人,到这里坐下。"于是我坐在他建议的地方,主席站在那里挡住了路。没有人知道该怎么做。打字机前的女人惊慌失措地跳起来,纸带全都用光了,她抱住了打字机。大家捡起了满地都是的记录纸,开始四处乱扔。这就是发生的一切:这种令人毛骨悚然的沉默和飘飘悠悠的五彩纸屑。真是超现实主义的场面,因为没有在撕纸或者干任何暴力的事情,只不过是在撒着纸张。工程师还在大喊:"逮捕这个女人!逮捕这个女人!"其他人都保持绝对的沉默。没有人知道该怎么做。

警察说:"从另一边下来,表明姿态就行。"所以,我对这些举行听证会的人说了一些贬低的话。我忘记说过什么了,应该非常简单。差不多是说:"他们已经做好决定；现在不过是在欺骗我们。"他说："不过他们确实如此。"于是我坐在了那里。

一切还在继续，过了一会儿，我想："必须有人来结束这一切。没有谁比我更知道该怎么做。"所以我从椅子上站起来，再次走向麦克风。所有受惊的人都从另一边下去了。我说："罪名是什么？我为什么被捕？"

警察说："这是应托特先生的要求（约翰·托特，国家交通部总工程师）。要不是他命令，我不会逮捕你。"

所以我又问了一遍："以什么罪名？"他说："这件事可以在警察局里解决。但我必须逮捕你，很抱歉。"

我又说："我认为他们正在犯一个错误。"

他回答："我也是这么想，但我别无选择。"

他真的很好，总是站在我这一边。我被控行为不检，出庭日期已经定好了。到法庭后，我们等待了一个上午。我没有被传唤。逮捕我的官员下来告诉我："他们正在对你提出新的指控。他们打开了以前从未翻开过的法律书籍。"

他们想出来的指控包括聚众闹事、煽动闹事、刑事恶作剧和妨碍政府管理。入狱四年。他们本来就想让我因为这些罪名坐牢。他们真的会这样做。

他们把我塑造成了一个危险的形象：煽动闹事。我对街道造成了威胁，必须让我闭嘴。一旦我说话，就会立即被送进监狱,因为可能会煽动闹事。

格拉茨 后来发生了什么?

雅各布斯 在审前听证会上,他们编出了各种谎言,说我如何破坏了打字机。这就是"刑事恶作剧"。托特先生在现场,描述了我的所作所为是多么的可怕。我想对他而言是的。我猜他不是在假装,但在我听起来很荒谬。他真的很害怕。

我请了非常昂贵的高级律师,我们得举行募捐活动才能聘用他。律师的策略如下:尽可能拖延时间,直到事情冷却下来。因为他们很生气,是真的想狠狠对付我。我的律师认识到了这一切。

在法庭上,我们提出认罪协议。我被判行为不检并处以缓刑,并被要求赔偿对打字机造成的损害。我没有对机器造成任何损坏。他们说了一大堆什么打字机必须要修理,并且花费多少钱,说我对这台昂贵的机器造成了数百美元的损失。他们都是编的,是骗人的。这也是他们所能证明的一切——除了我站在了不请自来的地方。

我们想拿到收据然后进行调查,看看这张收据有什么猫腻,因为我们知道机器没有损坏。律师没有得到任何关于收据的回复,于是我写信给法官,说根据判决我需要进行赔偿。我不想一直因为这份债务而烦恼。我附上了之前寄出的信件的副本,告诉他我们打过的电话，并请法官要求控方遵守法庭判决对他们的要求，这样我才能履行我的义务。我没得到回复。但这至少让那封信记录在案，如果他们说"她被要求这样做，但她没有"时，就能预见到我们设下的陷阱。如果他们试图伪造修理费用，我们便可以在这上面大做文章。

格拉茨 那次逮捕有没有任何实质性效果？

雅各布斯 在某些情况下，你可以通过这样对抗起诉来争取时间。在其他时候，你可以通过其他方式阻挠计划，达到拖延时间的效果。打这些战争都需要争取时间。采取诉讼的方法更加昂贵。

我们确实在这次混乱中有所成效。联邦调查局举行了一场听证会，宣布高速公路在环境问题上不可行。好吧，那个判决的确改变了主题。我的被捕为此争取了一些时间，这非常值得。这也是为什么我申请协商的原因，就是为了获得更多时间。如果有必要，我甘愿进监狱。但唯一的目的就是为在华盛顿继续展开环境工作争取时间，得到不利于高速公路的判决。

格拉茨 抗争是怎么结束的？

雅各布斯 有点像西村抗争。过了一阵子，当局希望西村的事情结束。这件事在全国范围为城市改造计划带去了恶名。《星期六晚邮报》上有关于西村的社论。人们用胶带在眼镜上贴上"X"来对抗城市改造的照片在全国传播。对于当局来说,他们的形象正在变得负面,得到负面的报道。政府里支持高速公路的人也开始觉得他们的项目在逐渐向相同的方向变化。

这是向这个方向发展的早期案例,并且事情非常明确。你可以看到会发生多少污染。政府很早就利用这些汽车的增加数据来为花费如此多的钱财、造成如此大规模的破坏辩护,因为可以容纳足够的车流量。但现在这个计划已经结束,终于从规划版图中消失。

* * *

格拉茨 在城市如此迫切地需要通过增加工作机会来复苏经济的情况下,怎么反对西路计划?

雅各布斯 这是高速公路倡导者在公开听证会上一再提出的问题。但他们从不告诉我们谁将获得这些工作。他们也永远不会计算必将伴随新发展的拆迁可能失去的工作。

根据塞拉俱乐部[1]为期六个月的研究,使用西路项目

---

[1] 塞拉俱乐部(Sierra Club),美国历史最悠久、规模最庞大的草根环保组织。

资金修缮交通设施并对西区公路小幅重建,将为纽约市内外提供 103 000 人年(man-year)的就业机会;西路项目只承诺 78 000 人年的工作机会,其中大部分将在纽约以外——在制造钢铁、水泥和其他零部件和材料的工厂里。更重要的是,大多数西路项目承诺的工作机会都是临时的;但因为西路建筑工地而迁移的商业活动将危及许多永久性工作。

长期以来,纽约为了临时建筑工作而损害自身;与此同时,我们失去了各种低成本的工业空间,驱逐了各类现有的工作岗位。在 1960 年代的曼哈顿下城高速公路斗争期间,我问中央劳工联盟主席小哈里·范·阿斯代尔(Harry Van Arsdale Jr.)对所有可能被摧毁的工作有何感想。他对我说:"哦,我不能担心那些工作。"他只对建筑工作感兴趣。直到今天,这还是高速公路游说者关于工作的论点,在西路这件事上也是如此。

格拉茨 如果规划得好,像西路这样的项目可以有利于城市环境,为曼哈顿这样一个被摧毁的港口创造再次蓬勃发展的条件。

雅各布斯 大量的高速公路被放置于——或者是被计划放置于——不需要迁移居民,或者迁移最小化的区域。但这些高速公路仍然对城市造成了巨大破坏。优先在这件事上花钱仍然是错误的。

这种对待城市交通的方式是错误的。这种方式不经济，还会带来污染。它引发的内部矛盾也说不通。这是一个全国性问题。我们正在写一篇有关具体项目的文章，但这并不意味着如果你能在另一个城市找到一条实际上没有让任何人搬离，没有切断海滨，但横穿整个城市的高速公路，那这个项目就是对的。并不是这样。

格拉茨 对西路计划的反对形成了一股潮流吧？

雅各布斯 恰恰相反。西路只是在曼哈顿建造庞大高速公路网络计划的一小部分，它将一点点地把纽约变成洛杉矶那样的城市。这是一个可以追溯到 1929 年的旧计划。想一想，纽约一直以紧跟潮流为自豪，却被半世纪前的计划所统领。我们每隔几年就能看到浮现出的这个计划的一部分。没有人会同意整个疯狂的计划，但它却一点点地变为现实。

罗伯特·摩西 (Robert Moses) 是运用这一招数的大师。他会建造一座桥，但不说两端都必须有一条高速公路。或者他会建造一条路，但不说明还需要一座桥。这就是一种温水煮青蛙的方法，如果人们看到事情的全貌和可能的结果，应该会直接晕厥。

格拉茨 听起来有一点疯狂。毕竟我们讨论的是一条从炮台公园到 42 街的垃圾填埋场上的高速公路,而不是要将它铺满整个曼哈顿。

雅各布斯 看看 1929 年的计划,你会有不同的感觉。那个计划不仅包括西侧高速公路,还包括环绕海岛的整个海岸线。实际上更像是大 U 字形,因为顶部没有连接。然后还需要有镶边点缀———一条自东向西横穿岛屿中部的高速公路来连接环形的两边。

格拉茨 但这个宏伟的计划从来没有生效。

雅各布斯 这计划的大部分没有生效。但是,如果道路系统不断扩大,坡道不断增加,横穿城镇的道路出现,那么最糟糕的情况仍然会发生。罗斯福快道是该计划的一部分,西侧高速公路也是如此。你没有看到横穿城镇的高速公路,这是因为我们在过去的二十年里一直在与之抗争。穿过布鲁姆街的曼哈顿下城高速公路就是其中一条。

在高速公路提案之前,有大量宣传反对现在的苏豪区。在 1950 年代中期,它被称为"地狱一百英亩"或"低谷"。因此,人们宣称在那里建一条公路是一件好事,可以除去这些可怕的建筑,把它们变成像华盛顿广场村这样无用的新高楼。

扼杀高速公路的结果是为纽约市换来了一片很棒的区域。苏豪区已经复苏——至少已经开始复苏,而这片地区本来要被彻底消灭。唐人街和小意大利本来要被严重破坏。我们可能会失去这三个最古老、最珍贵的曼哈顿下城社区。

格拉茨 所以这个早已失效的高速公路计划和西路有什么关系？

雅各布斯 如果西路进入城里，曼哈顿下城高速公路就将复活。它可能不会被建在布鲁姆街，而更有可能是在 1929 年计划中提到的作为备选项的运河街。去年四月为路政署编制的报告草稿中提到了"运河/德兰西街道走廊"——高速公路的另一种措词。这将促使按州级标准重建西路以北部分的西区高速公路，扩大其承载能力，并横切河滨公园。岛上还会出现像第 34 街那样横穿城镇的新路。西路永远不会是一个孤立的高速公路段。它就像一根树干，必须长出枝丫。

格拉茨 曼哈顿高速公路系统的基本目标是消除令人绝望的道路拥堵，你为什么要反对这个系统呢？

雅各布斯 有人说这个网络将移除城市街道上的车流，这是无稽之谈。这一系统中的匝道将引导车流进出城市街道，直到系统入侵整个城市，破坏城市结构。
只要高速公路计划还侧重于外部边缘，情况就不会变。供给系统的主干道一旦出现，就会把人吓跑。到那时候我们才能看清那些规划专家想要如何摧毁我们所熟知的城市，如何摧毁它的整个结构，将城市让位给交通。很多人不想要这样的城市，是因为它会对家庭、工作地点甚至每天呼吸的空气带来危害，还因为这种环境丧失了人性。这一计划让人们心中满是惊恐，令他们感到恶心，并背离了他们关于城市应该是什么样子的看法。

人们不希望曼哈顿变成洛杉矶那样一个为汽车而不是为人类建造的城市。他们不想要一个要摧毁苏豪区、唐人街和小意大利的城市。像高速公路或西路这样的计划等于给社区判了死刑。在第一座建筑物倒塌之前，这一计划就强加破坏，阻止对现有商业的投资。商户看到墙上出现拆迁标志就会搬离，或者根本不想在这样的位置立业。房主会坚持要求利润丰厚的收购价格。在死刑降临以前，像波士顿北区或西村这样的地方还在不断翻修，人们还在不断投资，这真是一个奇迹。只有在有勇气知道自己不会让这一死刑生效，或是完全忽略它的存在时，人们才会这样做。

但银行家不会对此一无所知，因此会停止提供贷款。当一个区域像这样被判处死刑时，人们总是需要采取变通的方法来筹集零星的资金。如果成功，最终可能成就一个非常好的地段。

格拉茨　　但是现在西区的破败早在西路计划提出很久以前就

开始了。

雅各布斯 西区码头被任由衰败，海运撤离，转而运往伊丽莎白港和其他地方，这些都有原因可以解释。这片地区有不同的命运在等待着它。一旦时机成熟，那里将变身为一个巨大的房地产骗局。公共和私人投资将流向其他地方。

格拉茨 卡车对城市经济命脉至关重要，但又会与小汽车争夺公路空间，应该怎么处理呢？

雅各布斯 改善卡车通行的最佳方式就是尽可能减少载客轿车，改用公共交通。这将减少卡车拥堵，提升交通速度，节约金钱，为纽约的产业发展创造更好的环境。

* * *

格拉茨 支持西区高速公路却反对西路计划的立场很难说服他人。

雅各布斯 我们的境遇不像持相反立场的人那么难。西路计划的支持者陷入了一个糟糕的两难境地，他们的观点基于巨大的矛盾。如果他们说西路将在未来几年内容纳大量额外的交通流量，就会陷入空气污染问题，即使增加的交通流量在城市的流动速度会快一些。如果在接下来的二十年中每年的流量只增加百分之二，那么城市污染也会变得十分可怕。因此，西路计划的拥护者必须在辩护中尽量淡化交通流量的增加及其隐含的后果。

另一方面，这些高速公路成本这么高，如果西路计划无法承载比现有公路容量更大的流量，怎么说得通 11.6 亿美元的开销？如此昂贵的东西必须为公众提供相应量级的服务，否则整个计划将毫无意义。实际情况正是如此。西路计划会增加交通量，带来可怕的环境破坏，因而对城市造成极大的伤害。西路的倡导者必须证明，这一计划比重建西区高速公路所能承载的交通量更大。西区重建计划耗资 3 800 万美元，比价值 12 亿美元的西路计划要少得多。

如果将环境损害最小化，则成本不合理。但这两个议题从来没在同一次听证会上同时讨论过。

格拉茨 西路计划带来的额外好处是可以新增住房和公园，因为横穿城区的交通会被转移到地下。

雅各布斯 这与 1960 年代高速公路倡导者承诺的好处相同。曼哈顿下城高速公路的斗争始于 1950 年代末期，但几年后人们对环境破坏变得更为敏感。因此，为高速公路的辩护转向了新土地开发。突然间它就变成了一个极好的计划，因为高速公路两旁会涌现新的住房、公园、喷泉和其他修复工程。一片城市发展的新区域。

西路也是同样的骗局。宏伟的土地开发计划是为推广该项目而创造出的诱饵。支持者不再提及高速公路，而是试图继续谈论垃圾填埋场以及将在上面建造什么，他们希望没有人问："好吧，如果垃圾填埋场、公园和公寓都这么棒，这座城市真的有钱去运营这些公园，纽约市民真的有足够的收入来填满更多的公寓，为什么不单独做这件事呢？如果没有高速公路，还会推广这个垃圾填埋场计划吗？没有高速公路就完全不可行吗？为什么？没有高速公路，这个方案会有什么问题？"这个伴随高速公路的计划之所以这么棒，是因为它就是为了推销高速公路而存在。

格拉茨 看来你觉得垃圾填埋场计划非常荒诞。但西路设计和规划阶段的负责人洛厄尔·伯德韦尔（Lowell K. Birdwell）赢得了联邦政府对新原则的批准：为州际高速公路城市段提供的联邦资金应该包含将公路置于地下的额外成本，使其尽可能地不那么显眼，并为城市提供自由空间，包括公园等。

雅各布斯 虽然规划者从不强调这一点，但垃圾填埋场计划只不过是空地和一些分区变化。除了景观美化之外，需要政府用自己的资金来建造公园，然后由私人开发商接收建房的账单。

城市总是可以用到更多的公园。但是,为什么要毁掉现有的公园呢?如果资金不足以支持现有的公园,怎么还有钱给新的公园?或者我们在花钱建造新公园的同时,是否会任由旧公园破败,就像罗伯特·摩西把钱投入高速公路,让公共交通分崩离析那样?一些西路的支持者同意了南布朗克斯等地区的"计划性缩水",而这些地方的下水道、公用设施线和街道已经到位,那我们为什么还要给城市增加新的土地?这些都说不通。

如果说有哪个房地产规划生来注定要失败,那就是西路规划。不要忘记炮台公园的经验。我们得到的只会是泥潭。土地计划失败时,没有人会关心,因为要建高速公路了。

格拉茨　如果这个计划根本说不通,那么是谁在支持呢?

雅各布斯　同一群以权谋私的人,无论过去他们的建议多么不光彩,他们总能促成一场听证会。卡特总统告诉国会议员泰德·韦斯他支持西路计划,因为大卫·洛克菲勒向他保证这个计划对城市经济有利。洛克菲勒关于世界贸易中心也是这么说的,但看看那个计划对房地产市场是个多么大的灾难。

格拉茨　如果西路计划搁浅,西区的未来会是怎样?

雅各布斯　因为反对高速公路,我们被指控想要烧毁这座城市，因为那些都是易失火的破旧建筑。它们确实容易着火，因为里面放着各种各样的易燃物品，使得洛克菲勒中心容易发生火灾。消防法律没有得到执行。这是一块必须清除的地方。

与苏豪区相比，西区的复兴很容易，并且在很多地方已经开始了。西村正在向哈德孙河方向的格林威治街和华盛顿街扩张，那里的仓库正在转变为公寓和合作社。

西侧河岸可能会变成一个成功的案例，像在多伦多、西雅图、波士顿或温哥华那样。在波士顿，人们过去常常住在码头上，那里还有许多餐馆。在1930年代，波士顿码头是一个令人惊叹的地方。一旦人们开始认真对待波士顿的城市规划，这些东西就被计划拆除。突然间，它们就变得"摇摇欲坠"。当然，现在人们正在试图重建。那里的旧工业建筑正在转变为住房、商店和餐馆。一些码头实际上已经被重建。

这是一个可供纽约学习的地方。想想没使用过的突堤可以用来做什么。看看那里的位置和现有的地桩。人们可以建造俯瞰河流的新混合用途区域，包括商业、住宅、公园和艺术家社区。一切都是自然而然地发生，并且这种苏豪区得以出现的方式应该得到鼓励，它可以实现自给自足。

还有大量的空间需要填补。如果真有必要，在你以巨大的代价增加新土地之前，还有许多闲置的空间需要开发。在任何情况下，要让新土地成功，都必须等到这些填补工作完成以后。但我们首先必须停止西路计划。这个计划不过是一个价值11.6亿美元的小修小补，不仅将夺走这片区域的内在魅力，还会在未来至少二十年里将它置于灰尘和污垢之中。

* * *

格拉茨 阻止西路计划的前景如何？反对者应该做些什么？

雅各布斯 在过去的几十年里，公众一直在学习如何打败支持高速公路计划的人。作为回应，这些支持者也自然而然地采取了其他防御措施。环境影响和空气污染是公众的新武器。变换话题是支持者们对抗的招数。现在，计划需要公众参与。公众提出这一要求并实现了它。早期的高速公路计划中并没有这样的要求。因此，操纵公众和利用公共关系，以造成公众参与的印象的新方式成了支持者的防御性武器。在西路计划中，他们已经预见到自己在曼哈顿下城高速公路斗争中会遇到许多麻烦。而这次是一场更艰苦的战斗，他们因为知道不能放弃西路而从网络的另一部分开始。

格拉茨 如果我们停止西路计划并收回了一些钱，这些钱可以用来干什么呢?

雅各布斯 公共交通。公共交通系统的持续衰弱并非偶然,而与此同时人们在高速公路上花费了大量资金。投入交通运输的资金是有限的。如果只是不断尝试为机动车提供车道,其他一切都只是用来填缝,那将造成纽约的毁灭。

格拉茨 拒绝可以容纳机动车的新道路不是一件很难的事情吗?大家看起来都非常乐意把它当成常态。

雅各布斯 并不是这样。情况甚至截然相反。时间对我们有利。人们对这些事产生越来越多的疑问。斗争愈演愈烈,影响范围越来越广泛。在1955年和1956年,反抗穿过华盛顿广场的道路,采用各种术语的说话方式(虽然现在受过教育的人对此已经习以为常),这些都是闻所未闻的。当时的说法是:您更喜欢哪种方式,是穿过公园的道路,还是将周围的道路扩大?当时大多数人都无法想象还有别的表达方式。

陪自己的小孩一起坐在公园里的伊迪丝·莱昂斯和雪莉·海斯想知道为什么要被困在这两个选项中,为什么必须在华盛顿广场周围建造新的道路。别人把她们当作疯女人,认为她们不能理解生活中的事实。这不就是女人的思维方式吗?

格拉茨 你反对机动车,对吗?

雅各布斯 我不是反对汽车的狂热分子。事实上,比起骑马,我觉得开车是件非常好的事。我从来都不是一个狂热分子。此外,我不认为需要以任何方式将汽车从城市中消除,也不觉得应该禁止汽车。

但是,当你开始削减其他便利设施,开始将几乎所有的运输资金用于这一个目的时,就是在损害整座城市。

格拉茨 但你希望汽车爱好者们待在市区以外吗?

雅各布斯 有些人不管怎么样都喜欢乘坐汽车。他们喜欢马歇尔·麦克卢汉口中的"重达一吨的金属茧"。好吧,如果他们想待在车里,没有人会逼他们出来。但他们必须接受在城市里乘车的一些缺点。这是他们自己的选择。但重点是,不应该为了汽车而改造城市。

重建大城市来适应现有以及未来可能出现的汽车,这是不可能的。如果尝试这么做,就必然歪曲事情的优先顺序,因此会产生侵害。这就是为什么西路计划抗争的赌注更高。

如果西路建成,那将是一个非常明确的信号,表明纽约的未来没有希望,除了重复昂贵的、灾难性的错误之外什么都不能做。说明纽约不可能再好转,并且可以继续建设新的高速公路或扩建现有的高速公路。其他城市也会跟随纽约的步伐。

人们只是痴迷于重复同样的错误。这就是西路计划的可怕之处：纽约无法掉头重来。曼哈顿下城高速公路只是开始。筹码都押在了这一计划，这就是纽约的未来。

让我感到愤怒的是所谓"城市重建"的
欺骗、破坏和浪费的极度狂欢。

GODMOTHER OF THE AMERICAN CITY
美国城市的教母

采访者
詹姆斯·霍华德·昆斯特勒

根据《大都会》杂志（*Metropolis*）扩充
2001 年 3 月

多伦多总是给我一种奇怪的感觉，好像身处平行宇宙中，似乎是在一个美国的大城市，比如底特律、圣路易斯或克利夫兰。前提是美国没有经历战后的文化动乱，把我们的城市扔进历史的垃圾场里。好莱坞电影中经常将多伦多作为美国城市的布景，但事实上它比几乎任何美国城市都要好得多。

在多伦多，你会看到和在美国一样丑陋和浮夸的办公楼——同样过于宽阔的街道，由难看的中线、树木和其他被认为会影响汽车快道的城市装饰装点着。尽管有这些缺点，多伦多还活着。市中心的街道上挤满了住在市区楼房和住宅的人，人行道直到深夜还是人潮涌动。建筑物与人行道相交的公共领域非常活跃。多伦多是许多美国城市希望变成的模样。

简·雅各布斯生活在此。她是著名的城市规划师，是《美国大城市的死与生》《城市与国家财富》《城市经济》和《生存系统》等书的作者。她住在安那克斯社区，位于布鲁尔街附近一条宁静的住宅街道上。那里是多伦多大学附近的主干道，周边有点像格林威治村的 8 街购物区——众所周知，雅各布斯多年前在那里生活和写作。那里除了复印店、亚洲杂货店和修鞋铺子，还有时装店和小餐馆。雅各布斯的住宅是多伦多的"双人间"，那是一种半独立式的砖砌房屋，有宽敞的白色木质新古典主义门廊、荷兰风格的山墙，常春藤爬满墙壁。

雅各布斯现在一个人住在这里；她的建筑师丈夫罗伯特于 1996 年去世。他的儿子和家人住得离这个街区不远，并且经常来看她。我去年造访时，这位八十四岁的作家因髋关节手术而有些行动不便。她的家是纯粹的 1960 年代波希米亚式知识分子风格。雅各布斯一家拆除了房子的部分内墙，所以一楼的厨房、餐厅和起居室融为一体。当然，屋里还有一面堆满了书的墙，墙面还保留着刚搬来时那个经济蓬勃发展时期的鲜艳色彩。在临街的凸窗附近陈列着由海滩上捡来的骨头、贝壳和漂流木做成的护胸甲；餐厅的桌布上印着大胆的东印度印花。家里到处挂着雅各布斯的女儿的画作，她生活在不列颠哥伦比亚省的边远林区，此外还有很多家庭照片。她的办公室位于楼上一间背阳的备用卧室，那里特别安静。

雅各布斯看起来还和三十多年前在西村白马酒馆拍摄的那张著名照片里一样（一手拿着一支烟，另一手拿着啤酒杯）。她依旧留着带刘海的银色短发，大眼镜突显了她永远犀利的观察者身份，还带着些许顽皮的色彩。她还是喜欢喝啤酒。我们聊天的时候，她正喝着一杯本地黑啤。

我们的谈话在她的餐桌旁展开。

昆斯特勒 你第一次来纽约的时候是什么感觉？

雅各布斯 那时候我刚十二岁。算算看，我出生于 1916 年，所以那是 1928 年，在大萧条之前。我和一些朋友的父母一起去的，应该是开车。我们可能把车停在了新泽西州。不管怎样，我们是乘坐渡轮到达曼哈顿核心区的。我被街上的人吓了一跳。那是1928年华尔街的午餐时间……整个城市充满了活力，到处都是人。

昆斯特勒　你是什么时候搬到那里长期生活的？
雅各布斯　应该是1934年。

昆斯特勒　你当时对那里的印象怎么样？和现在不同吗……
雅各布斯　是的，那里变了。那是1920年代鼎盛期和萧条期之间的区别。

昆斯特勒　这种区别是可以察觉到的吗——你能亲身体会并亲眼目睹吗？
雅各布斯　我可以看出对比，即使是和我第一次来的时候比。尤其是在市中心。1934年多了很多失业者，但1928年还没有。

昆斯特勒　在你二十多岁刚到纽约的时候，觉得自己会去哪里？你是自然而然地就来到了格林威治村，还是从其他地方开始的？
雅各布斯　我的姐姐已经在那里了。她比我大六岁。

昆斯特勒　她从事什么工作？

雅各布斯　她之前在费城学习室内设计,所以来到纽约,希望能找到一份设计师的工作。但在大萧条期间她没能成功。于是她在布鲁克林的亚伯拉罕和施特劳斯百货公司的家居部门找到一份工作。这是她能找到的最接近自己专长的工作。所以我来了,她一直住在东94街。想象一下,她和其他几个女孩一起住。那是一间合租房,租金非常便宜。现在这片区域价格非常高昂。

昆斯特勒　是的,但雅各布·鲁珀特啤酒厂直到1957年还在那里。我自己曾经在93街住过一段时间。在酿酒期间,那附近满是啤酒和啤酒花的味道。

雅各布斯　她搬到了布鲁克林区的布鲁克林高地,住在一个现在已经拆除了的房子里。那是一个六层高的无电梯公寓,我们住在顶层。不过,那是一个不错的社区,靠近圣乔治酒店。当时那里还没建高速公路。我每天早上都会去找工作。我会翻看报纸,找找有用的信息,看看哪些职业介绍所在刊登广告。我通常会走布鲁克林大桥进入曼哈顿。在被所有这些工作拒绝以后,我会在一天剩下的时间里逛一逛所在的地方。如果是之前逛过的地方,我就会花上五分钱,乘地铁到任意一站四处看看。所以,我下午在这个城市闲逛,上午找工作。

一天,我发现自己身处一个非常喜欢的社区……

就是我投了一枚五分钱硬币然后随意到达的地方。我是从哪里出站的呢？我光听名字就很喜欢：克里斯托弗街。所以我从克里斯托弗街出站，我对这个社区很着迷，整个下午都在四处逛，然后赶紧回到布鲁克林。我说："贝蒂，我找到了我们必须居住的地方。"她说："在哪里？"我说："不知道，只要乘坐地铁从一个叫克里斯托弗街的地方下车。"所以我们就去找那个克里斯托弗街地铁站出来的地方了。

昆斯特勒 你发现了什么？

雅各布斯 我们找到了一个位于缅因街的公寓。那时我得到了一份工作，我们应该没有立刻去找那个地方。一天早上我中了头奖，找到了一份工作。

昆斯特勒 是什么工作？

雅各布斯 在一家糖果制造公司当秘书。

昆斯特勒 所以你干过一点秘书的工作。

雅各布斯 噢，我做了五年的秘书。

昆斯特勒 你有预感到自己会成为一个职业知识分子吗？

雅各布斯 没有，但我感觉自己会是一个作家。那就是我的打算。

昆斯特勒 你当时有没有和格林威治村的波希米亚人一起出去玩？

雅各布斯 没有。

昆斯特勒 你在附近看到过他们吗？

雅各布斯 我想是看到了。但我没有钱在酒吧闲逛。我们过得非常拮据。事实上，很多时候我和贝蒂都在吃婴儿麦片，因为我的父亲是一名医生，他告诉我们最重要的是保持健康，不应该在营养食品上节省。因此，在没有任何钱买营养食品时，我们知道婴儿吃的麦片很有营养，知道香蕉和牛奶对身体好。我们有一点钱以后就把这些当主食。这种麦片就是粉末的混合物，并不好吃。

昆斯特勒 听起来有点悲催。

雅各布斯 是的，但我们当时很开心，也没有长期这样生活下去。我们很健康，那些也是健康食品。

昆斯特勒 是啊，毕竟宇航员还靠吸管吃东西。

雅各布斯 是的。我不希望给你造成我们长时间都这样生活的印象。到周末的时候可能会……

昆斯特勒 说说你是怎么进入作为公共知识分子的生活的。

雅各布斯 我立马就开始写文章了。结合我在城市不同区域闲逛的那些下午，我写了一系列相关文章，发表在《时尚》(*Vogue*)杂志上。皮草区应该是《时尚》杂志读者感兴趣的话题，尽管我在写这些东西时并不知道目标读者是谁。但在那之后我知道自己在做什么了，于是开始在这一领域进行尝试。

昆斯特勒　　你在卖出杂志文章时应该很兴奋吧。

雅各布斯　　是的，卖出一篇文章，我可以得到40美元。

昆斯特勒　　这在那时候是很大一笔钱了。

雅各布斯　　很多钱！因为我当时每周工作的收入才12美元。当然，不是每篇稿子都能卖这么多钱。我写了关于皮草区、鲜花区、皮革区和钻石区的文章，钻石区当时在包厘街上。所以我一直在努力成为一名作家。过了一段时间，我终于可以为《先驱论坛报》撰写周日专题报道。但写这些报道的收入没那么高。后来我为《Q》杂志写了一些东西——哦，是关于井盖的，怎么通过井盖上的东西判断底下流淌的是什么。

昆斯特勒　　顺便提一句，你没有读大学吧？

雅各布斯　　我本来在读完高中以后就不想再读书了。我很高兴离开了学校。

昆斯特勒　　你是个爱捣乱的学生吗？

雅各布斯　　　是的。

昆斯特勒　　　深有同感——我也不喜欢学校。

雅各布斯　　　我会在餐厅打破纸袋，制造爆裂声，然后被送去校长办公室，我会干这一类事情。我真的不是一个惹人讨厌的人。我在各方面都没有真正的破坏性，但是很顽皮。

昆斯特勒　　　你是喜欢搞笑吗？

雅各布斯　　　或许是。

昆斯特勒　　　在过去的几周里，我一直在重新翻看你的一些书。这些书太出色了。你在写《美国大城市的死与生》这本书时应该对美国文化感到非常恼火。例如，你写道："可能我们这个民族已经如此不负责任，因此不再关心事情的运作方式，而只在意事情带来的快速而简单的外在印象。"这本书是你在1960年代或者1950年代末写的。

雅各布斯　　　是的，我从1958年开始写，在1960年完成。

昆斯特勒　　　在我看来，美国人的生活在这方面变化不大。事实上，我在巡回演讲中也告诉听众，我们是一个邪恶的民族，应该受到惩罚……但我没有宗教信仰。所以你是什么心态？是为美国文化感到生气吗？城市设计文化？罗伯特·摩西？还是这些事情的共同结果？是因为包豪斯建筑学派吗？那时候是什么激怒了你？

雅各布斯 立刻让我感到愤怒的是所谓"城市重建"的欺骗、破坏和浪费的极度狂欢。这一现象被认为是一种时尚的方式，人们对此毫不在意——并且对正在做的事情如此不诚实。这就是让我失望的原因，因为我正在为一本建筑杂志工作，我亲眼看到了这一切，我看到了人们如何为这最糟糕的事情找借口。

昆斯特勒 你一定已经熟悉柯布西耶的"辐射城市"概念和1920年代的一些计划，以及包豪斯建筑学校。至今，格罗皮乌斯风格已经被应用于哈佛，并且密斯·凡德罗……

雅各布斯 我对这些没有任何感觉，这不过是另一种建筑方式。简单来说，我没有任何意识形态。当我写下"作为一个民族我们变得如此不负责任"时，没有受到什么意识形态的影响。

昆斯特勒 但你生气了。

雅各布斯 我是对正在发生的事情、对我第一时间看到的事情感到愤怒。这些都是我的亲身体验。我没有什么关于美国文化的抽象概念。与此同时，我在哥伦比亚大学待了几年，但没有上过美国文化课。我旁听过一阵子的社会学课程，但觉得内容太愚蠢了。但是我在各类科学课程上度过了美好的时光。我一直对那几年学到的东西心存感激。

告诉你一些一直令我担心的事情：我喜欢参观陈列旧式机器和工具之类的博物馆。我父亲的故乡弗吉尼亚州弗雷德里克斯堡有一家博物馆。这些旧机器的涂漆方式令我非常震惊。这种绘制方式可以展示机器的工作原理。显然，制造者和用户关心这些机器的组合与运作方式，并且用这种涂漆让其他人也对这些工作原理感兴趣。

我曾经很喜欢去斯克兰顿的火车站参观陈列在那里的火车头。看到火车头和那些带动车轮的活塞，我感到非常震惊。火车是怎样被这些东西驱动，火车内部的蒸汽和这些部分的联系等，都引起了我的兴趣。此时还出现了被遮盖着的火车头，看不出轮子是如何移动的，这让我感到不安。应该是空气动力学的原因，但这说不通。我开始注意到一切都在被掩盖，这有点恶心。

昆斯特勒　　所以1930年代的流水线生产令你感到烦恼？

雅各布斯　　是的。我清晰地记得写下"作为一个民族我们已经变得如此不负责任"时，我脑子里的想法。我想的是遮盖火车头的挡板，以及这件事的延伸——我们不再关心城市的运作方式。我们不再重视展示建筑物的入口这类的事情。我就是这个意思。这不是关于抽象的美国社会的什么宏观评价。我认为这是一种真正的堕落。

昆斯特勒 嗯，关于贫民区，根据实际情况，我们现在知道贫民区清除和城市重建是一场灾难。你知道，我是城市重建的批判者。但美国城市的一个大问题是这里的人没有能力关心那么多事情。

雅各布斯 不完全正确。对美国城市中的许多地区，人们都非常关心。可以从他们感到不满时展开的斗争看出来。最令我愤怒的城市重建计划之一就是波士顿西区。那里至今还有一个幽灵社区。那些流离失所的大人和小孩们会定期出版一份报纸。1958年，我与两位为西区的毁灭辩护的建筑师进行了交谈。其中一个人告诉我，他和摄影师必须手脚并用地爬进公共管道的空隙里，才能拍到足够黑暗和肮脏的照片，来证明这是一个贫民区——太可怕了。那是真正的不诚实。

另一位是非常受人尊重的著名建筑师，他给出了自己的意见，认为这片地区应该被拆除。他告诉我，大体上这里现有的建筑非常好，毫无疑问是这里可能出现的最好的建筑。他还说，有些建筑物的细节非常精致，要去破坏它们真是令人心碎。这两位建筑师都很清楚，却支持这片区域的拆除计划。

昆斯特勒　但这不就是属于 20 世纪中期的故事吗——几十个建筑师和规划人员都赞同一些非常有害的事情？

雅各布斯　没错。他们做事的方法不诚实。他们怎么能为此辩护呢？我会和他们争论这些事情。他们提出城市重建是为了更高的利益，所以自己会为这种更高的利益作伪证。为什么这是更高的利益？大家都知道贫民区很糟糕。"但这不是一个贫民区。""哦，好吧。"他们不再关心事情的运作方式。那是让我如此生气的部分原因。而且，他们似乎并不关心这些事情里真实和虚假的部分。

昆斯特勒　当然，有很多人参与其中，并非所有人都说了谎。很多人似乎只是理想主义，但很难理解错位到那种程度的理想主义怎么还能影响整整一代人。

雅各布斯　我自己也不明白。我不理解这些变化是如何发生的。麦卡锡主义就是一个例子。它突然带给人们的恐惧。这些人怎么会突然就变得这么胆小？而当麦卡锡主义的瘴气散去，一切就像魔法一样。

我们试图让人们在一份请愿书上签名，制止一条高速公路穿过华盛顿广场。那是在 1950 年代，我们在公园附近摆了一张桌子，并呼吁所有路过并在享受这个公园的人们签字。很多人都不愿意签。我们会说："你并不想让一条路穿过这里吧？"不，他们不想让一条路穿过那里，但是，"你不知道还有谁会签字。这么做可能很危险。"有时，丈夫会这样告诉妻子。此时，这种奇怪的恐惧弥漫了一切。但我还记得这种恐惧消散时，我们正在为拯救一个街区而战。我曾经在那里居住，而当时那里被认定为贫民区，遭遇了所有相同的错误待遇。

昆斯特勒　　是西村吗？

雅各布斯　　是的，那里不是贫民区。许多被摧毁的地方并不是贫民区。

昆斯特勒　　是谁想推倒西村？

雅各布斯　　洛克菲勒家族。但这从未被证实——注意，你可能会被告诽谤。但那项计划确实是源自曼哈顿下城区协会，而该协会属于大卫·洛克菲勒家族。他们想要实施这个计划。

所有这些基本上都是关于城市将会变得何等美丽的个人愿景，那里将满是高楼大厦。城中还会有一小块飞地，城镇里所有最昂贵和最漂亮的房子都会在那里。但边缘的所有地区——那些低收入人群占据的部分，特别是有混合用途的地方……就是我们在西村犯下的罪过。我们曾经有各种混合用途的社区。但那些以前的生产基地现在都变成了最昂贵的公寓式阁楼，售价超过一百万美元。这些人什么都不懂，包括房地产专家在内。他们如此无知，不仅不了解自己正在摧毁什么,也不知道人们想要什么。

我离题了。但我还是很生气。

昆斯特勒　近来你的愤慨指数如何?

雅各布斯　我还在生气。我们的首席官员似乎在有意摧毁卫生和教育系统。但我脸皮更厚了。我可以对这些事情感到生气,但不会恶心,如果你明白我的意思。

昆斯特勒　你见过罗伯特·摩西吗?

雅各布斯　没有,我只在一场关于横穿华盛顿广场的道路的听证会上见过他一次,那是一条通往曼哈顿下城高速公路的坡道。他曾在那里简短地发声。但当时没有人被告知可以发言。我们当中还没有人说过话,因为他们总是让官员先发言,官员说完就会离开。他们不会听别人的观点。他站在那里,手抓着栏杆,对这件事的胆大冒犯感到愤怒。我猜他已经预见到自己的计划处于危险之中。因为他说:"没有人反对这个计划——没有人、没有人、没有人,不过是一群混蛋!"接着他重步走了出去。

昆斯特勒　他对纽约造成的伤害比阿尔伯特·施佩尔[1]对柏林

---

[1] Albert Speer,1905—1981,德国建筑师,在纳粹德国期间担任装备部长和帝国经济领导人,是纽伦堡审判中的主要战犯。

的伤害还要大吗？

雅各布斯 我没去过柏林。我觉得不应该拿他们两个人类比。他给纽约带来了巨大伤害，这是对的。我认为纽约刚开始自愈。但是回过头来看看当时影响所有人的那些奇怪的歇斯底里，我还记得麦卡锡主义刚被废止的时候，我目睹了一切。那是1960年代，我们正在为拯救社区而抗争。你可以从中看出这种让人感到害怕而不敢去签署请愿书的手段。

公民住房和规划委员会得到了所有安置房住户的支持。他们中的许多人成了理想主义者，却不知道自己在干些什么。他们的领头人举办了一个新闻发布会，抨击这些可怕、自私和讨厌的民众，说他们想要阻止那个极好的格林威治村清理兼城市重建计划。他不仅说我们自私，而且还把我们称为共产主义者。这就会吓到很多人。但那根本不是一场意识形态的战斗，只是为社区而战。我们中有各种各样的人。

其中一个人——有人说他在1930年代是一个共产主义者，实际上他真的是，甚至还有党员证！他是一个非常好的人，是一位艺术家，想出了很多数一数二的视觉方案。于是我们开了一个会来讨论该拿这件事怎么办。我们达成了一个共识：没关系。这件事与战争无关。我们是在拯救社区，所以没关系，我们也不在乎。所以一旦有人这么说，就会震惊所有人。当然，这是唯一明智的做法。几天后，《纽约时报》报道了我们是共产党员这件事。每个人都笑了。我们都记得上面列举了我们身上很多可怕的特征。那些只是我关于这场歇斯底里已经过去的一点直接和具体的了解。为什么它过去了？为什么人们突然间可以将其置之一笑？

昆斯特勒　你出生在宾夕法尼亚州的斯克兰顿，但在曼哈顿——准确说是在格林威治村——度过了人生的黄金时期。

雅各布斯　我不会这么说。

昆斯特勒　难道不是吗？

雅各布斯　（轻声笑）我仍然处在人生的黄金时期。

昆斯特勒　你在纽约市度过了一部分人生。为什么搬到加拿大呢？

雅各布斯　嗯，我们是来抗议越南战争的。我们有两个正值服役年龄的儿子。他们本不会被豁免。其中一个是物理学家。他已经大学毕业，还被录取攻读物理专业研究生。那时候美国非常害怕俄罗斯卫星通讯社与广播电台——他本可以免除兵役。我的另一个儿子则不行。他们宁愿坐牢也不愿参加战争。我的丈夫说："我们把儿子养大，不是为了让他们进监狱。"无论如何，我们不喜欢这场战争。我们支持他们对那场战争的反对态度，于是决定搬到另一个国家。我们不适合当一个帝国的公民。我们喜欢这里，孩子们也喜欢这里。

昆斯特勒 你最开始是不是没打算一直留下来？
雅各布斯 是的。

昆斯特勒 这一定是非常具有破坏性的决定。
雅各布斯 如果我们把自己想象成流亡者，那将是破坏性的。我发现，那些认为自己是流亡者的人永远没办法回归到正常生活。我们自认为是移民。那是一场冒险，我们都参与其中。

昆斯特勒 但你抛下了很多。
雅各布斯 是的，但我们到达这里时发现了另一件事：美国人并不认为其他地方和美国一样真实。我们把一些事情抛在身后，但同时也接触到其他同样真实、有趣且令人兴奋的东西。我们决定留下之后，有人问我："你什么时候回来？""不回来了。我们要在这里生活。""但你不能就这么做——你必须回到现实生活中。"我会说："这里也是真实的。"美国人很难理解这一点，我认为这可能是他们和其他地方的人之间最大的区别。加拿大人知道有和加拿大一样真实的地方。那是一种自我中心主义，是一件非常奇怪的事情。

昆斯特勒 美国人身上有什么危险或奇怪的自以为是和自满情绪吗？

雅各布斯 是的，他们深深印刻着这种思维方式，认为自己是地球上最幸运的人，而世界上其他地方越早复制美国的样子越好。我在美国还有很多亲人，很多朋友。那里还有很多我欣赏的地方。当我发现美国在本国以外受到太多批评时，我想要告诉他们美国有多少好的地方。所以我不是一个讨厌美国的人。我搬到这里实际是出于一些正面的原因，留下来也是有积极的理由，因为我们喜欢。我为什么成为加拿大公民？不是因为我拒绝成为美国公民。在我成为加拿大公民时，还没有双重国籍。现在可以了。所以我只能选择一个。但我成为加拿大公民的原因只是我觉得不能投票很不正常。

昆斯特勒 有美国朋友反对你这次搬迁吗？

雅各布斯 他们只是觉得我即将踏入一个梦幻之地。我的家人和亲近的朋友都没有反对。可能觉得有点奇怪，因为他们自己从没想过这件事。

昆斯特勒	在 1960 和 1970 年代，你在专业或思想上的同伴是谁？有什么我们能想到的人吗？我瞎猜几个——德怀特·麦克唐纳（Dwight Macdonald）、诺曼·波德霍雷茨（Norman Podhoretz）？你都和谁一起出去玩？
雅各布斯	我喜欢我的编辑，现在仍然喜欢——我的编辑兼出版商贾森·爱泼斯坦（Jason Epstein）。我认识德怀特·麦克唐纳，但不是很熟。我喜欢他。
昆斯特勒	所以你没有什么特别的小圈子？
雅各布斯	没有。在《美国大城市的死与生》一书中，我感谢了很多帮助过我的人，但不是脑力上的帮助。
昆斯特勒	和你同时代的城市主义作家中，有哪位是你欣赏的吗？
雅各布斯	我很钦佩在《建筑论坛》杂志工作时的同事。还有威廉·H.（霍利）·怀特。他是我的朋友。他对我来说很重要，他的想法……是的，我们志趣相投。通过霍利，我遇到了贾森，他后来成了我的出版商。他创办了"铁锚书系"（Anchor Books），这是第一批平装书。霍利把我介绍给他。我告诉他想写什么，他同意发表并给了我一份合同。
昆斯特勒	你花了多少年时间撰写《美国大城市的死与生》这

	本书？
雅各布斯	不是很长。我从1958年秋天开始写的，1961年1月完成。所以是两年零几个月。但在这之前我思考这本书很久了。虽然不知道目的为何，但我之前已经开始收集信息。
昆斯特勒	我们都在书中惋惜过现代主义城市设计中的许多教条，这些教条被那些并不愚蠢的人所信赖。即使聪明人也是他们所处时空的俘虏，你在多大程度上认同这一观点？我们如何解释类似柯布西耶的"辐射城市"这些可怕想法的坚韧性——特别是对于培养文化领袖的精英研究生院的官员们来说？
雅各布斯	我认为聪明人在很大程度上是他们所处时空的俘虏。
昆斯特勒	结论就这么简单吗？
雅各布斯	他们中间总会有特立独行的人。现在我们必须谈谈教育系统的问题。
昆斯特勒	现在哈佛、哥伦比亚和耶鲁等精英大学里的人对你在四十年前传播的那种想法怀有极大的敌意，我的一些同事仍然在试图说服美国人民那是好主意。他们对整个新城市主义运动都非常敌视。
雅各布斯	是的，我知道他们是这样。

昆斯特勒 那种态度似乎几近病态。该怎么解释？他们只是在捍卫无法捍卫的原则吗？他们在努力保护什么？

雅各布斯 他们在保护自己的世界观。每个人都有世界观，无论他们自己有没有察觉。他们甚至可能在孩提时代就习得了。假设他们是在大学期间（通常是这种情况）或者是高中习得，无论是哪种情况，他们会拿之后学到和看到的一切去适应那种世界观。他们通过这一滤网，将好的和不好的、有用和没用的、高尚和卑鄙的等等一切连贯一致。

昆斯特勒 我们也会为此感到惭愧。

雅各布斯 是的，我们都有这种情况。但是，当你在这个世界上遇到了不同的事情，可以有两种处理方式。一是让所有的事物进一步强化你已经相信和已知的一切。另一种方式是保持足够的灵活性和好奇心，或许还对自己不那么笃定——或者是更加自信，我不知道是哪种情况——让新事物不断改变你的世界观。

写书的时候也是一样。书最终写成的样子与你当初想象的完全不同——不论是在形式、内容，还是在自己的想法上。你补充、消化了很多——它没有提前在你的头脑中消化。它改变了你的想法和看待事物的方式。他们中有许多人学到了一些东西，对此非常确信，因而这件事对他们来说是一个可怕的威胁。我认为这种危险不关乎智力，而更多是与情感有关：他们的整个世界观必须经历一个令人沮丧的困惑过程。

昆斯特勒 拿我最近在加拿大遇到的一件事情举例。我当时在参加加拿大皇家建筑学会的一个小组讨论，轮到我说话的时候了。那天早上，我在渥太华闲逛，看到许多新建筑都把空白的墙面对街道。根据这一观察我提出，如果加拿大建筑师意识到建筑应该有底部、中间和顶部，那会是个很好的想法。底部最好还和中间不同。这些人吓坏了。他们开始说："你去死吧，我们不是古典主义者，不要试图把古典主义强加于我们。我们高级多了。"我认为这非常极端。

雅各布斯 很情绪化。

昆斯特勒 我说："我不是要你做古典主义者。你可以采用阿兹特克现代风格或复古的乔治·杰森风格。想怎么做都行。但要意识到建筑物要有顶部、中部和底部，这不是什么风格问题。"但他们根本不想听。他们非常愤慨。

雅各布斯 这件事情威胁到了他们。

昆斯特勒 但问题是，他们为什么要继续生产那些正在摧毁他们城市的建筑——那些人们都憎恨的建筑？是什么动机让他们想要继续这样做?

雅各布斯 他们不认为自己在扼杀城市,也不认为大家讨厌这些建筑。他们接收到的一切都告知他们这是在加强城市建设。这不也说明一些问题吗?这件事告诉你,他们对自己的认识正受到来自你的言论的威胁。那不是他们对建筑的想法,也不是他们对城市的想法。只和他们自身以及自我认知有关。

昆斯特勒 还有一个例子。柯布西耶提出了一个荒谬的计划——摧毁巴黎的右岸,即玛莱区。这个想法远渡重洋来到了美国,并风靡此地。与此同时,在法国,柯布西耶每年都会回到巴黎的官员那里,对他们说:"我想到一个摧毁右岸的绝妙办法。"官员们嘲笑他。多年过去了,他们仍然嘲笑他,从不实施他的提议。这些人确实在巴黎市中心外围建造了许多破烂的东西,但从来没有摧毁过巴黎市中心。在美国,我们接受了这个想法,并且还很喜欢。我们为什么不嘲笑它?

雅各布斯 很多人嘲笑过。

昆斯特勒 但不足以阻止它发生。

雅各布斯 没错。在格林威治村被阻止了。最后,一切逐渐消失。

昆斯特勒 埃德·洛格(Ed Logue)今年早些时候去世了。他是他那个时代的一个典型人物，还是耶鲁这种精英大学的产物。在 1960 年代，他不经意地通过改革现代主义城市重建运动，不断摧毁了纽黑文和波士顿市中心的大部分地区。你目睹那些计划的展开了吗？你对它们有何看法？

雅各布斯　　我觉得那些计划很糟糕。我认为埃德·洛格是一个非常有破坏性的人。第一次在纽黑文见到他时，我就这么认为。他当时对我说着自己的所作所为和计划要做的事情有多棒。

昆斯特勒　　你还记得遇到他时的情形吗？

雅各布斯　　那是我开始写书以后。我去见他，想知道纽黑文发生了什么。他确实告诉了我一些有用的事情，其中一件很有意思。他说，旧金山最好再发生一场地震和火灾，就像 1904 年那样。我对此感到震惊。我去过旧金山，觉得那是个很棒的地方。他是认真的——他认为那一切都应该被消灭再重新建造。好家伙，在我的字典里，他就是疯子的代名词。

昆斯特勒　　纽黑文一直没有恢复过来。他拆除了市中心的大部分区域，在那里建了一个从来就不成功的购物中心——如今可能被完全或部分拆除了。他还建了一个会议中心，无疑也是一枚炸弹，还让高速公路横穿那片区域。在波士顿，他负责市政厅广场。他和亨利·考伯还有贝聿铭一起。在我看来，波士顿市政厅广场从开始就失败了。

雅各布斯　当然。但他没能摧毁（波士顿）北端——虽然他想要这么做。他甚至向负责城市重建的部门递交了申请书。

昆斯特勒　1972年我住在波士顿，还记得北端是一个非常充满活力并有很多蓝领的地方。根本没有雅皮士搬进来。这是一个意大利社区，与世隔绝，但也极度活跃——满是猪肉店、奶酪店和饼干店。你还记得洛格在波士顿发起的反抗活动吗？

雅各布斯　我可以告诉你为什么洛格受到重视。我的杂志《建筑论坛》的编辑们相信所有这些城市重建的东西。我也知道他们心目中的英雄是谁——埃德·洛格就是其中之一。

昆斯特勒　这件事激怒了你吗？

雅各布斯　当然，我曾经和他们争论过这些事情。但我并没有让他们接受我的思考方式。他们想要生活在一个令人兴奋的新世界。这就是他们想要的。你在书中写到的一些事情——在战争时期经历过极大冒险的人——我认为创造和居住在令人兴奋的新世界这一愿景赋予了他们一些活下去的动力。

昆斯特勒　你有没有看到通用汽车在 1939 年举办的"未来世界"展会?

雅各布斯　看到了。

昆斯特勒　你还记得自己当时的感受吗?

雅各布斯　我觉得它太可爱了。就像在某处看电动火车展一样。就是非常可爱。

昆斯特勒　你有没有想到达拉斯在 1985 年会变成那个样子?

雅各布斯　当然没有。

昆斯特勒　你当时认为那只是幻想,不可能实现吗?

雅各布斯　是的,我觉得那就像可爱的电动火车,不过是玩具而已。

昆斯特勒　你经历了 20 世纪的大部分时期,这段时间在现代历史上也是光彩夺目吧。比如,你几乎见证了汽车兴起的全过程,从第二次世界大战前的惊人承诺,到完全摧毁美国乡村和城市景观。能不能谈谈你关于汽车及其后果的看法的形成过程,在之后几十年的生活中你的看法有没有改变?

雅各布斯　在我出生之前,家里就有一辆汽车了。我的父亲是一位医生,需要汽车代步。对于上一代人来说,出门应该是靠骑马或马车。这辆汽车是我父亲的工具,就像他随身携带的包一样。我们从来没有把它当作全能的交通工具。例如,我们住在斯克兰顿,如果想去两英里远的市中心,就会去街角搭乘有轨电车。我们从没请过司机。当父亲的工作时间开始与我的一个兄弟的工作时间重合,并且他工作的地方离我就读的高中很近,他就开车载着我们。我们一家偶尔会去旅行。记得在我四岁的时候,父亲曾经开车带一家人去弗吉尼亚看望他的亲戚。噢,我看到了那时候人们修建白宫草坪的方式——草坪上还有羊。

昆斯特勒 你什么时候开始意识到汽车可能有害?

雅各布斯 我没有把汽车看作一种有害的东西。我认为现在道路上发生的事情才有害——扩大道路和砍伐树木。在那之后,当然是拆除建筑物——现有的建筑物。我认为道路才是破坏者。也许这种区别很愚蠢。汽车没有冲进房屋并撞倒它们,也没有砍伐树木等。再次重申,我不是一个抽象的思想家,你看得出来。这些直接、具体的后果是由马路造成。

昆斯特勒 嗯,还有一件具体的事情。就连保加利亚人都会为我们的铁路系统感到羞耻。

雅各布斯 是的,加拿大也是这样。这里曾经有一个很棒的铁路系统。

昆斯特勒 你曾经说过，生活在一个事情在变得更好而不是更糟的城市里要好得多。我同意你的看法，因为我生活的城市萨拉托加在过去的 24 个月里变得好多了。在过去的 36 个月里我们盖好的主街道建筑比在整个 20 世纪盖的还要多。都是些值钱的楼房，不是什么一层煤渣砖地堡。这是一件了不起的事情。多伦多是什么情况？

雅各布斯 我们的市中心一直在变得越来越好。甚至人行道也在扩大，几乎找不到加油站了。建筑物也不断增加，通常还是非常漂亮的建筑。现在有很多人在市中心生活。这是多伦多的一项特殊政策。我们有一位了不起的市长，名字叫芭芭拉·霍尔。她努力创造分区，这改变了整个景象。相信我，要让计划部门接受或者实施这项计划是非常困难的。她很有远见。

昆斯特勒 她是怎么说服这些人的？

雅各布斯 就是和任何可能参与其中的人谈话，教育他们并让他们了解这个观点。这需要大量的工作和对话，加上对自己正在做的事情的坚定信念。

昆斯特勒 多伦多具有北美城市的一个了不起的特质——它很有活力。你最近去过中心地带的任何城市吗？比如底特律、圣路易斯、哥伦布和印第安纳波利斯。有没有看到它们多么荒凉？真是令人心碎。小城镇也被毁坏了。在不到五十年的时间里，底特律从世界上第四富有的城市变成了一整片荒地。你对美国城市发生的这些事情有什么看法？

雅各布斯 这是一场悲剧，并且是一场完全不必要的悲剧。

昆斯特勒 毁灭仍在继续。

雅各布斯 是的，因为一切都没有真正改变。说法变了，但规则没有变，针对这些计划的借贷系统没有变。这个概念甚至延伸到了新城市主义，认为购物中心是一种合理的市中心形态。这种想法已经成为主流。对于这一代的建筑师来说，要采取不同想法，认为市中心应该由各种各样的人群组成，都非常困难。

昆斯特勒 我们正在回归这一想法，特别是在维克多·多弗（Victor Dover）和乔·科尔（Joe Kohl）的作品中。

雅各布斯 我不认识他们。

昆斯特勒 他们两个年轻人在迈阿密大学接受过训练，老师是杜安尼（Andrés Duany）和普拉特-齐伯克（Elizabeth Plater-Zyberk），大约十年前创办了自己的公司。他们已经完成了两个项目，在废弃的商场周边强行增加街道和街区，并创造了编号，好把一块块空地开发为建筑群，而不只是一整个大型项目。这绝对是新城市主义者的发展方向。我们正在把大型项目的时代抛在脑后。

雅各布斯 这就是我认为正在发生的事情。我看了看维多利亚时代结束时发生了什么。现代主义真正开始于人们对"20世纪了,这是否适合20世纪?"这种想法的迷恋。这种情况发生在第一次世界大战之前,不只是士兵才这样。如果你阅读布鲁姆斯伯里出版社的系列传记,会发现这种情况正在发生。那是这种想法最早出现的地方之一。在很大程度上,这种想法是在反对维多利亚主义。维多利亚时代有太多压抑和沉闷的东西。那个时代的建筑物携带着这种特征,因此被人们认为非常丑陋。即使这些建筑本身并不丑陋,人们也会让它们变得丑陋。它们在绘画中显得很可怕。

昆斯特勒 我可以理解为什么理查森式建筑——那些沉重的红砂岩建筑——可能会吓到人们。但在今天看来,我们所想的只有:"天啊,再也找不到能完成那种工作的熟练泥瓦匠了。"这类建筑看起来难以置信。几乎是超人的作品。

雅各布斯 是的,但它非常压抑——特别是维多利亚时代的房子。很多建筑本身并不具有压迫性。它们一般很轻快、俗艳又花哨,却总被和那些沉闷的特质联系起来。

昆斯特勒 那时的家庭有点制度化了。不能出去买加工奶酪。如果想要蛋糕，就必须亲自烤，或者让厨师做。顺便一提，第一次世界大战前后的这段时期令我着迷。我反复想到的是，这段时期代表了西方文明的精神崩溃。本来有巨大的希望可以进入 20 世纪的黄金时代，但这一美梦却被打破了。

雅各布斯 真的打破了吗？我们成立了国际联盟，噢，那将是一个多么勇敢的新世界。

昆斯特勒 你对埃比尼泽·霍华德（Ebenezer Howard）、帕特里克·格迪斯（Patrick Geddes）以及 20 世纪初的"花园城市"运动的态度特别苛刻。在某种程度上那也是另一个让很多聪明人上当的非常糟糕的观点——包括刘易斯·芒福德，他真的深陷其中。

雅各布斯 是的。

昆斯特勒 在我看来，我们陷入困境的原因和表征都在于，美国文化几乎完全混淆了城市和国家这两个概念。什么是农村，什么又是城市。这些问题对我们来说都是杂乱一团，也没办法进行规划。

雅各布斯 关于"花园城市"规划的一个主要的糟糕之处在于：你是拿一块干净的白板来创造一个新世界。这基本是人的一厢情愿。没有旧世界，就没有新世界。芒福德听信了那个观点，以及整个"这是20世纪"这件事情。他们认为可以抛弃旧世界，创造新世界。这就是现代主义的坏处。

昆斯特勒 顺便问一下，你认识芒福德吗？
雅各布斯 认识。

昆斯特勒 是敌是友？
雅各布斯 在我看来，我们的关系很友好。这件事很有意思。他对《美国大城市的死与生》感到愤怒，绝对的愤怒。他认为我是他的门徒，但我从来没有给他任何理由这么想。可能因为他认为所有友善的年轻人都是他的门徒。

昆斯特勒 他认为你引起了他的兴趣？
雅各布斯 我是这么认为的。他很和善。1956年我在哈佛大学做演讲时第一次见到他。我当时是顶替我的老板，他不得不去墨西哥。我严重怯场。我之前决定再也不要发表演讲，因为那对于我来说太痛苦了。他们在办公室告知我必须去哈佛大学做这次十分钟的讲话。我和他们说我不去。总编说我必须去。所以我说："好吧，我去——但前提是能做我想做的事。"

于是我做了发言，（对城市重建）进行了攻击。芒福德在观众席上。对我来说真是折磨。我对那段演讲一点记忆都没有，不过是进入了催眠状态，说着已经背下来的东西。之后我坐了下来，演讲大获成功，因为很显然他们之前没有听任何人说过这些事情。就是因为这次演讲，霍利·怀特让我为《爆炸的大都市》这本书写一篇文章。总之，芒福德在观众席上，他非常热情地欢迎我。我催眠了自己，显然也催眠了观众。但我相信自己说的话。

昆斯特勒 可是几年之后，芒福德批评了你？

雅各布斯 我见过他很多次，气氛都很融洽。开始对他产生怀疑，是因为有一次我们坐车进城。我看到他在刚进入城市时的反应。他本来一直在说话，一切都很愉快。一旦他进入城市，就变得冷酷、沉默和低落。很明显，他就是讨厌城市，讨厌身处城市其中。我觉得这是最有趣的一个部分。

昆斯特勒 我有一种感觉，他中年时期——或者说你年轻时期——曼哈顿在某种程度上是一个极其令人震撼的地方。人们从来没有见到过这样的地方——纽约就是这样一个巨大的压迫机器。我自己在这里长大。纽约有一些不由分说的机械化特质——不都像格林威治村那样。无论他和你发生了什么争吵，我认为他确实是一位出色的作家，风格清晰、明快。

雅各布斯　他是一位非常优秀的作家,有很多好主意。

昆斯特勒　但是,他也被这种"世纪转折"的观点所俘虏,认为人口密度和交通拥堵是城市的敌人。

雅各布斯　稀释城市,将人口分散到农村。当然。另外,你提出聪明人是如何受制于所处的时空——这一观点绝对正确,他在很大程度上受到他身处的时代和地域的影响——我们都是这样。

昆斯特勒　在他的笔下,维多利亚时代是"棕色的十年"。这可能是伊迪丝·华顿或亨利·詹姆斯的说法,但它显然是一个黑暗的形象。

雅各布斯　因此你可以了解那个时代看起来多么压抑。有一两代人对此感受非常强烈。他们的世界观围绕着与维多利亚时期及所有与其相关的事物之间的对抗。他们对此非常无情。

昆斯特勒　在美国,城市主义本身仍处于完全失信之中。对于城市主义失败的唯一解决方案就是我所说的大自然的创可贴——美妙的风景、树皮护根、用于隐藏后现代建筑空白墙的刺柏床、护堤、缓冲物以及园林绿化行业的所有其他技巧。在某种程度上,这个想法来自"花园城市"——在 20 世纪初,我们觉得城市没有任何好处,基本上要以乡村取而代之。

雅各布斯　不，很多人并不拒绝城市。我的父母觉得住在城市很开心。我的母亲来自一个小镇，父亲原来生活在农场。他们认为城市宜居得多，并向我们说明了原因。很多不同的人都相信这一点。

昆斯特勒　美国城市大部分被遗弃、空置、无人照顾，并且在许多情况下处于衰老状态，这些都不言自明。

雅各布斯　没错。城市对于大多数美国人来说都是这样。

昆斯特勒　明天我要去圣路易斯。圣路易斯是著名的"甜甜圈空洞"。

雅各布斯　绝对是。这是人们故意安排的。实际上，人们抹去了它的整个市中心，还把周围的圆环拱形加高。他们认为自己的整个商业区都是贫民区。

昆斯特勒　我想把话题转向经济学，这是另一个你感兴趣的主要领域，也许在你的职业生涯中还没有得到足够的重视。我也对系统理论感兴趣，特别是那些针对文明重大失误的理论。在我看来，美国人的生活安排，或者莱昂·克里尔（León Krier）所说的"郊区的惨败"，正在接近一种临界点，超出这个临界点可能就难以继续。我有一个理论：要让休斯敦、凤凰城、圣何塞、迈阿密和亚特兰大这样的地方陷入大麻烦，不必耗尽汽油，而只需要让世界石油市场出现轻度至中度的慢性不稳定。在我看来，我们正梦游着进入经济和政治上的大灾难。

雅各布斯 我知道事情不会像现在这样继续下去。那些试图根据现存事物来推测未来的人总是错的。我不是在说事情会怎样发展，而是想说它不会再像现在一样。这仍旧是我对反抗维多利亚时期想法的态度。如今的一两代人就是无法忍受前几代人的所作所为。无论出于何种原因，他们都希望抹掉前人做过的事情。他们对于之前的残余也是绝对的残忍无情。但我认为那些并不是经济或政治上的大灾难。我把它看作是即将到来的伟大的世代动荡之一。而且，在我看来，新城市主义越来越流行的部分原因不仅仅是因为它非常理性，也不光是因为人们特别关心（或者是了解）社区，更不只是源自杂乱拓展的城市与大自然毁灭的关联。他们就是不喜欢周围的事物，并将对此毫不留情。

昆斯特勒 我想知道是不是只有经济上的冲击才能促使大多数美国人真正重新考虑他们的生活安排。

雅各布斯 我觉得事情不是这么的理性，他们并不觉得这种生活安排无法持续。我觉得不是这个原因。突然之间，他们就无法忍受前几代人的所作所为。如果是出于那些原因，他们没有理由如此反对维多利亚时代的风格。

昆斯特勒 你在《大城市的死与生》一书中对城市美化运动有点苛刻。虽然，在我个人看来，他们创造的东西的确是令人敬畏。他们建造了一些纽约市最好的公寓楼。美国最棒的单户住宅也是在美国文艺复兴时期建成的。光是他们留下的东西就优秀到令人惊叹。

雅各布斯 是的，但它也具有人们所反对的来自权威的沉重感。所以我认为事情会发生变化，因为人们对已有的事物感到极其厌倦了。

昆斯特勒 你说你不是理论派或抽象派。实际上，有一种叫"哈伯特曲线"的理论。这是一个石油消耗曲线，表明我们将到达世界石油生产的高峰，然后就开始走下坡路，油变得越来越少，石油提取将越来越困难或不那么经济。当然，这种情况正发生于不同地区、不同国家。在过去的二十年里，世界上有两个地方救了我们的小命：阿拉斯加的北坡和北海的油田。这两个地方的产量预计在明年到达峰值，然后将持续下降。在这之后，世界上大部分的石油将产自仇恨我们的人。这在经济上会对我们产生什么影响？

雅各布斯	我一直听人说石油会耗尽。但这种情况从来没发生。人们不断发现新的油田。很显然,这个世界漂浮在油田之上。
昆斯特勒	好吧,可能我的观念是一个谬论。但如果不是呢?
雅各布斯	从根本上说,我不认为我们做事的方式依赖于某一种资源,例如石油。汽车发动机有不同种类。我认为太阳能和风能供热可以替代石油的大量用途。我希望看到这些情况发生,因为上述能源更可持续。但我不认为石油耗尽会让我们感到烦恼。我们总得被什么东西拯救,否则真的会滑坡。
昆斯特勒	如果不是石油,那是什么让我们处于危险之中呢?
雅各布斯	我认为不是哪一件事。历史上没有什么事情如此清楚,可以找到一个产生的原因。似乎是很多事情汇集起来做出的巨大改变。就这件事来说,我认为其中一个原因是反抗现代主义以及与之相关的一切。
昆斯特勒	但我们受困于所有这些事情?
雅各布斯	是的,然后是下一件事。我们无法被新城市主义原则的新发展所拯救。新城市主义是好事,我很高兴新城市主义者正在教育美国。我认为,当这些原则站住脚跟,当旧法规被铲除——就是因为这些法规让事情停滞不前——我们将进入满是填

充建筑的阶段。其中很多都是临时搭建的，不符合新城市主义的设计理念，但这一阶段符合他们的其他原则。事实上，如果没有这许多种流行和临时的填充建筑，郊区将永远无法得到纠正。事情只能以这种方式发生。并且，我认为它也会以这种方式发生。

昆斯特勒 我对新城市主义者怀有最崇高的敬意。对他们来说，最难的工作就是城市填充。

雅各布斯 但现在没有人想到郊区填充。

昆斯特勒 我认为，现在许多郊区的住宅将成为未来的贫民区。其中一些可以得救，另一些则不可以。你在《城市与国家财富》一书中关注被称为"进口替代"的"主要经济过程"。你认为，一个城市及其所在地区只有慢慢地开始用自己的商品或服务来代替之前需要进口的，才能得到繁荣。例如，19世纪后期美国崛起成为一个伟大的商业国家，是我们的城市开始自己生产之前需要从欧洲进口的工具、机器和成品的直接结果。凭借所谓"全球经济"的最新模式，我们倾向于认为进口替代不再具有重要意义。绝大多数美国本土销售的产品都是在其他地方生产的。这种情况危险吗？

雅各布斯 （轻声笑）我认为下面一种情况更危险。各地生产或再生产的标准化：你可以在每个城市的商场中看到这种现象——相同的生产链，相同的产品。这比进口替代的麻烦还要大，因为它意味着新的东西不是在本地生产——这些产品本可以有所改进或者有所区别。这些产品存在相同性——这也是令人感到无聊的原因之一，这种千篇一律。这种相同性具有经济意义：你无法从中获得新产品和服务。这意味着不再有百花齐放的可能。

昆斯特勒 而成千上万朵不同的花正在中国盛开。我不知道你的感受——我随手拿起的每件产品都是中国制造。我不反对中国人。但这件事让你怀疑，作为一个拥有先进文明的国家，如果不再制造任何东西，我们还能走多远？我们还可以继续前进吗？

雅各布斯 我不这么认为。

昆斯特勒 在我看来，我们所做的基本是依靠不断累积前所未有的巨额债务，从其他人那里购买大量的产品。这种行为不能持久。

雅各布斯 但是就这件事来说，我们也不完全是傻子。例如，我们的计算机不是自己生产的，主要是在台湾地区制造，但这些计算机不是由台湾地区设计。

昆斯特勒 我们将蓝图交给他们，让他们为我们制作。

雅各布斯　　　还有很多聪明、机智且有建设性的美国人仍然在做聪明和富有建设性的事情。设计和制造计算机，哪个更重要？我认为二者都有必要去做。专攻一门会导致失败。根据过往的各种经验，我们有能力做的事情越多样越好。但不能抛开美国人在做的这些有建设性和创造性的东西，然后说："我们不再生产任何东西了，我们依赖那些贫穷的中国人的工作生活。"事情要更加复杂。拿底特律作例子，你自己也发现那里曾经是一个非常繁荣和多元化的城市。看看它专攻汽车制造后发生了什么。再瞧瞧曼彻斯特，那里都是些黑暗的撒旦工厂——纺织业。曼彻斯特本该是未来城市的样子。

昆斯特勒　　　在美国，我们有很多地方不再专门从事任何事情，也不再生产任何东西了。

雅各布斯　　　嗯，这好过专业化。

昆斯特勒　　　我想到了我居住的地区，那里仿佛是纽约州北部的一个小型铁锈地带——一个经济完全消失的城镇。纽约州真的再也没有由提卡，也没有阿姆斯特丹、格伦斯福尔斯，或者哈得孙福尔斯。这些城镇都消失了。我想知道：美国的其他地区也会是那样的吗？

雅各布斯　　　永远不要低估城市复兴的力量。

| 昆斯特勒 | 嗯，那很好。 |
| 雅各布斯 | 别的地方也并不像你想象的那么糟糕。 |

| 昆斯特勒 | 哦，我是"悲观先生"。 |
| 雅各布斯 | 比如说波特兰。波特兰正在发生有建设性的事情。 |

| 昆斯特勒 | 和许多其他美国城市相比，波特兰的状况非常好——但这不是法国。 |
| 雅各布斯 | 是的。但美国的许多事情都以其独特的方式好过法国。 |

| 昆斯特勒 | 我是在自寻烦恼。世界上其他地方，比如欧洲等地，有没有你特别钟爱的? |
| 雅各布斯 | 我非常喜欢荷兰。我丈夫和我在那里旅行了四个星期，当时我受邀去荷兰演讲，还得到了报酬。我们用这些酬劳来旅行。 |

| 昆斯特勒 | 是什么让你动心的? |
| 雅各布斯 | 在一个很小的范围内存在如此的多样性。那里的人口规模和密度远远超过了以前的北美或任何地方。那里的人口密度和规模十分相容。 |

| 昆斯特勒 | 你对巴黎感觉如何? |
| 雅各布斯 | 我没有在那里待很久，只做过短暂的停留。我的所 |

见之处当然都很迷人。我一直觉得自己曾经到过那里。因为在画里见过——所有那些三角形的转角。

昆斯特勒 城市主义非常严谨。但是，正如我之前在演讲时曾和观众们开玩笑说的：没有哪个从巴黎回来的人会抱怨林荫大道的统一性。

雅各布斯 是的，它们很有趣，也很漂亮。

昆斯特勒 你对伦敦是什么看法？

雅各布斯 我对伦敦的态度很矛盾，因为我对整个英格兰的态度都非常矛盾。

昆斯特勒 真的吗？你对伦敦有什么不满？

雅各布斯 我不能忍受那里的阶级制度。我已经很多年没有去了，虽然经常受到邀请——我就是不想去。从社会角度看，我认为那里像是一个封建制度的博物馆。英格兰总是激怒我——但我喜欢爱尔兰。

昆斯特勒 几年前我去过那里。爱尔兰是一个奇怪的地方，因为这个国家在数百年以来一直处于赤贫状态，突然间第一次有了自己的中产阶级。当然，其中一个后果是——数量惊人的德国旅游巴士堵塞了他们的道路。

雅各布斯 是的，毫无疑问。但那是个可爱的地方，居住着可爱的人民。我对英格兰的敌意或许部分源自他们对待爱尔兰人的态度，以及他们现在还持续着的对爱尔兰的看法。

昆斯特勒 你去过南美洲或者墨西哥吗？我几年前去过墨西哥城。那里令人难以置信。

雅各布斯 你对那里什么看法？

昆斯特勒 那里是世界上最大的烟灰缸。还有恶劣的生态环境——就在地面上。我承认那里的社会环境也很糟糕。我参观了查尔科的贫民区，有超过一百万人住在泥地上的货箱里。那里恰好是墨西哥山谷里水文环境很差的一部分，所有来自墨西哥城的污水都渗透到这部分的贫民区。到了雨季，人们必须在泥泞中行走；泥地干燥后，又会带来随空气传播的疾病。那是一个非常糟糕的地方。世界上还有别的你喜欢的地方吗？

雅各布斯 我喜欢我所看到的意大利，但我去过的地方不多。当然，我为威尼斯着迷。我喜欢丹麦。我不应该说丹麦，因为我只去过哥本哈根。

昆斯特勒 欧洲人似乎比我们更关注城市生活，并且做得更好。你怎么解释这种情况？

雅各布斯 嗯，必须回到我不会理解也无法解释的事情上，就是美国流行的这些歇斯底里。我猜席卷欧洲的是不同种类的歇斯底里，区别于美国。

昆斯特勒　他们有阿道夫·希特勒，我们有埃德·洛格。
雅各布斯　我们很幸运。

昆斯特勒　当你去一个意大利的城市，并且每当我想到意大利的城市时，脑海里都是一个几乎完全由砖石砌成的地方，随处点缀着一点颜色——一株天竺葵、矮牵牛花或者别的花。他们把街道弄得那么漂亮。
雅各布斯　那些绿色或彩色的小盆栽有很大意义。

昆斯特勒　是的，他们没有必要投入一个价值 30 000 美元的护堤，把里面装满用于景观美化的刺柏灌木和棕榈树。
雅各布斯　还有里斯本——从很多方面看那都是个非常贫穷的城市，至少我去的时候是这样。我猜现在仍然是。那里有许多迷人和有趣的东西。

昆斯特勒　你去过拉斯维加斯吗？
雅各布斯　没有。我的丈夫去那里参加过一次会议。他向我好好报告了一下。

昆斯特勒 是的，我在那里待了五天后恨不得自杀。事实上，为了提前一天离开，我付了额外的费用来改签机票。那里非常可怕。

雅各布斯 我喜欢日本。

昆斯特勒 和我说说日本。

雅各布斯 我是 1972 年去的，所以我说的内容已经非常过时。但是你刚才说的随处点缀的花草——日本人都是艺术家。他们不过是做一点强调，一切就变得完全不同。那里有许多美好的事物——单是一个商店橱窗陈列都是艺术品。他们用竹子制作各种东西的方法尤其精巧。一个小小的竹质排水管或闩锁都那么精致。溪流周围那些支撑着两岸的砖石结构也很美——这些砖石都不是同一个类型，也不光是水泥材质。

昆斯特勒 这也是美国和欧洲相比令我感到惊讶的一个不同点。当我们需要修复河岸时——许多美国城市都有河——我们必须在那里建一个主题公园，还需要建球场、水族馆之类的建筑。在欧洲，他们会修花岗岩路堤，有坡道或楼梯通往水面，很漂亮。

昆斯特勒 你丈夫是什么时候去世的？

雅各布斯　1996 年，也就是四年前。

昆斯特勒　你还好吗？

雅各布斯　我当然很想念他。我很高兴自己是一个热爱工作的人。我的意思是，我仍然对自己的工作感兴趣——我对生活或任何事情都没有失去兴趣。此外，我也没有失去我的孩子和其他亲近的家人。

昆斯特勒　你的儿子住在上一个街区？

雅各布斯　下一个街区。街区都必须往下向湖靠近。一切都要向湖靠近。

昆斯特勒　在过去的十五或二十年里，你已经放下了城市主义并转向经济学。你现在手头有什么工作吗？

雅各布斯　我现在没有写书。因为我总是在拖延——当我专注于一本书时，总是会以绝对严苛的方式不让自己去做别的任何事情。我必须坚持写书并集中注意力。所以我把本应该做的事情都推迟了，一直在努力弥补。我试着在这里尽可能地做一个活跃的市民。

昆斯特勒　有没有什么想法是你现在很感兴趣，或一直萦绕在你脑海里的？就像你在二十年前阐述的"进口替代"，以及你在《生存系统》中的思考方式。最近有没有哪个特别的想法让你为之振奋？

雅各布斯　举个例子，我现在对下面这个话题感兴趣：为什么时间是美国社区的敌人？在当下时间具体威胁到了什么？我们该如何把它变为盟友？

昆斯特勒　你的意思是说美国社区基本上无法自我再生？

雅各布斯　我认为这些社区从历史发展的角度来看表现得非常差。

昆斯特勒　在你了解的这五六十年里，格林威治村表现得怎么样？

雅各布斯　哦，那里发展得很好。如果其他邻近城市也能做得那么好，就不会遇到麻烦。现在社区太少，几乎供不应求。于是人们就以最荒谬的方式使地区士绅化。除了那些非常有钱的人，其他所有人都被排挤出社区之外。这就是社区远远供不应求的征兆。

昆斯特勒　我一直很困惑，为什么哈莱姆没有被重新开发。我之前在哈莱姆第135街上的高中读书。

雅各布斯　已经开始了。就我读到和听说的，那里开始要士绅化，但我很高兴看到是黑人专业人士、黑人家庭和艺术家来领导这次士绅化。如果要把这个社区从他们手中夺取，那就太糟糕了。

昆斯特勒 在我还是个孩子的时候，布鲁克林像是另一个星球。那里跟捷克斯洛伐克差不多——如此遥远、陌生。而现在布鲁克林是我们一整代纽约居民搬去的地方。

雅各布斯 现在布鲁克林的部分区域可以说是格林威治村的外围。

昆斯特勒 在你出生以前，格林威治村曾经是一个糟糕的社区吗？

雅各布斯 格林威治村不小。那是一片非常大的区域。是的，曾经有些地方很糟。南村曾经居住着大量意大利人，在此之前，我猜主要是爱尔兰人。还有胭脂红街，等等。人们认为这些地方很糟糕。还有沙利文街，虽然现在被认为非常时尚——在我的记忆中，那里满是贫穷的孩子和廉价的公寓，所以人们或许觉得那里也很差。当然，西村也被认为是糟糕的地方。幸运的是，在我们搬去那里的时候并不知道这个情况。但是在1930年代，人们认定那里是一个贫民区，需要被清除。罗斯福的"智囊团"成员雷克斯福德·特格韦尔是宣布这一决定时的计划委员会主席。

雅各布斯 （翻阅剪贴簿，指着照片）噢，这是刘易斯·芒福德！（旁边还有一些信。）

昆斯特勒 我来读一下，这样就能在录音里记下来：

1958年5月5日，纽约州阿米尼亚镇

亲爱的雅各布斯：

你在新学院的演讲令我十分满意，也许是因为你清晰地表达了自己的观点，而整个城市规划领域连少数像艾德·培根这样的人都不太理解。你对城市功能的分析从社会学研究来看是一流的。福特基金会或"城市研究"所浪费的数百万人才中，没有哪个能够表达出哪怕一小部分你这样的洞察力和常识。你对林肯中心这个巨大败笔的分析极其公正。我克制住自己没有在《纽约客》上批评它，因为我错误地认为即使在像我们这样一个非理性的时代，那样一个巨大又无用的计划也永远不能够在前期宣传后继续。可我并没有考虑到当前美国在组织和利用空虚上的能力。你应该让自己的想法吸引更广泛的受众。你有没有想过《星期六晚邮报》？他们这段时间似乎有意做一些真正的贡献。无论如何，要坚持下去。你最坏的敌人是把勒·柯布西耶想象为城市主义遗作的那些老古板。

致以最真诚的祝福，

刘易斯·芒福德

附：您是一位女士，对吗？自从我将一位日本家政学男教师称为小姐以后，我在这方面总是很紧张。

1958年6月18日，纽约州阿米尼亚镇

亲爱的雅各布斯：

永远做你真正想做的事。有很多出版商会争相抢购你写的关于城市的手稿。虽然我无法推测公众的反应，但你有责任写出这本书。除你以外再没有其他人有这么多关于城市的新鲜和明智的观点，现在正是提出和讨论这些问题的时候。所以，开始工作吧。但是在你完成一两章之后，一定记得签合同。我现在正在完成一本城市相关新书第一卷的初稿，关于历史的部分——我不会在你的工作完成前写完第二卷关于该如何做的部分。

你忠实的，

刘易斯·芒福德

1958年7月22日，纽约州阿米尼亚镇

亲爱的简·雅各布斯：

曾经我们有理由做最坏的打算——无论是因为市政厅还是白宫。我认为，如果这个时代有任何事物存留下来，未来人们在回顾时都会把它视为破坏者和灭绝者的时代。大家总是怀疑我的这个看法过于夸张。也许我现在所写的这本书的最大价值是展示我们是如何走到这一步的。这可能会为我们展开建设性的反抗提供线索。但我的书还远远没有完成，因为这条路迂回而黯淡。同时，了解自己的前景也是个好消息。与易卜生[1]的创作不同，我们的建筑大师很乐意听到年轻一代的敲门声。

你忠实的，

刘易斯·芒福德

昆斯特勒　他从什么时候开始打击你？

雅各布斯　这是最后一封信，但不是写给我的。

昆斯特勒　这是写给哥伦比亚大学的温斯伯格先生：

亲爱的温斯伯格先生：

感谢你将雅各布斯的文章寄给我，事实上我碰巧已经读过了。但你在邀请我做出评论时，实际上是让一位老外科医生对一个自信但又草率的新手的工作做出公开判断，这个新手将患者的痛苦错误地归咎为她臆想出来的肿瘤。她正在努力去除这个肿瘤，却忽略掉了真实器官上的巨大损伤。在这种情况下，手术并没有实际用途，除了把伤口缝合，开除把工作搞砸的人。

你亲切的，

刘易斯·芒福德

---

[1] 挪威剧作家易卜生曾在《建筑师》这一剧作中描写一位功成名就的建筑大师因为害怕被下一代超越而打压青年建筑师的故事。

现在的全球化已经不是过去单纯无害的样子了。

THE LAST INTERVIEW
最后的访谈

采访者
罗宾·菲尔波特

选自《分离主义的问题》
(*The Question of Separation*,巴拉卡出版社,2011年)
2005年5月2日

在《分离主义的问题》出版25年后，也就是1995年关于魁北克主权的第二次全民投票公布的十年后，简·雅各布斯慷慨地接受了有关魁北克和她的书的采访。采访在她位于多伦多安那克斯区奥尔巴尼街的家中进行。简·雅各布斯畅谈了两个多小时，这中间休息了四十五分钟，接受针对髋部疾病的理疗。

菲尔波特 你在1979年做的"梅西讲座"[1]以及你写的支持主权联盟的书反响如何？这本书在当时是否获得了应得的报道量？

雅各布斯 我收到的反馈来自母语是英语的人。我的母语就是英语。我的法语很差。事实上，在那里几乎没有任何反响。我的丈夫是一名医院建筑师，他为艾伯塔省的一些医院工作，我让他试着探听那里的人对分离主义的看法。他在周末会回来。他说："好吧，我知道他们对分离主义的看法了。在咖啡馆一

---

1 梅西公民讲座（Massey lectures），每年由著名学者在加拿大举办的以政治、文化或哲学为主题的五次系列讲座。从1961年开始创办，讲座名字是为了纪念加拿大总督文森特·梅西。

起吃午饭时我提起这个问题,桌子上的每个人都沉默了,然后有人说,'我们换个话题吧。'"最好的办法是不要去想它。他们根本不想讨论这件事的利弊,或者人们为什么会这样想。

菲尔波特　这是否解释了人们为什么对你的"梅西讲座"和著作少有反响?

雅各布斯　就是因为这种态度。他们不想考虑那个问题。那是个不受欢迎的话题。

菲尔波特　你认为这种态度的源头是什么?

雅各布斯　是恐惧。这个我不必猜测。因为在过去的两次公民投票过程中有许多提案的大意都是:如果魁北克分离,加拿大就会瓦解。因此,人们害怕再也没有加拿大这一身份了。这种害怕很愚蠢,因为有很多分离主义的例子都没有瓦解,除非发动了战争。

菲尔波特　你是说当人们利用战争反对时,才会发生解体吗?

雅各布斯　有很多例子,前几天我还在统计它们的数量。中亚地区的案例不胜枚举,这些国家名字都是以"斯坦"结尾。即使排除这些国家,自1980年魁北克问题被提出以来,就发生了超过三十个例子。
我们不得不问:这里面发生了什么?这是为什么?不应该是单纯的巧合。这已经成为一种普遍现象,人们可以深刻察觉到。人们有各种各样的理由来解释他们为什么要分离。但它们有什么共同之处呢？这是怎么一回事？这个世界通常不是这样的。

我试着将它们的异同点总结起来，以下是我得到的结果。这是某种来自世界的反馈。它们的共同之处在于，较大规模群体里的人感到不满，他们认为这些事情失去了控制。他们共同的追求，以及最后会让他们开心的——如果不依靠战争，他们就可以冷静下来——是因为拥有属于自己的主权而感到的满足感。

我们必须举例子。除了可能掌权的国家，所有人都对这一结果非常满意。例如，在巴尔干半岛，整个南斯拉夫解体。唯一对此感到不满的是塞尔维亚人，他们不高兴是因为不能再控制所有人。

但斯洛文尼亚人、克罗地亚人等其他民族的人都非常高兴能够独立。

菲尔波特 危险在于对控制潜在受控国的企图吗？

雅各布斯 是的，他们是发动战争的人。

菲尔波特 你认为加拿大在这一问题上是一个有控制欲的国家吗？

雅各布斯 当然。加拿大的英语区总是想控制法语区。英语区曾经征服过法语区。因此，让我们面对这样一个事实：这是一个被征服过的国家，而这样一个国家永远不会忘记自己身上发生过什么。被征服者和征服者都不会忘记。

现在，我写了关于挪威的文章。挪威是很早的例子。挪威和瑞典表现得非常文明。它们本来很可能就会陷入战争。在1905年之前，两国之间的局势非常紧张。另一个非常早的例子发生在美国，是它内部的脱离联邦运动。这确实导致了战争，成为美国有史以来人员伤亡最惨重的战争，引发了最高的死亡率。那场战争从未被遗忘。它曾出现在最近一次竞选中（2004年）。联盟和工会仍然存在。战争解决不了这些问题。

菲尔波特 暴力或专制的反对方法没有解决这些问题吗？

雅各布斯 没有。战争的胜利者总会这么认为，但是他们从来没有真正解决问题。

菲尔波特 英国人认为他们可以通过分割爱尔兰来解决爱尔兰问题也是类似情况吗？

雅各布斯 是的，问题没有解决。

菲尔波特 你关于瑞典与挪威、加拿大与魁北克两种关系的相似之处的讨论令人信服。你写道："令人称赞的是，瑞典无论在当时或是在那之后都没有禁止议会或是试图压制选举，它从来没有要审查辩论或是干涉与挪威人民的沟通，也并没有利用间谍或秘密警察来毒害挪威的政治生活，或者借助贿赂和告密者来腐败它的政府。"这种评价也适用于加拿大吗？

雅各布斯 不适用！

菲尔波特 请详细说明。

雅各布斯 好吧，让我想想：上面这些控诉不能用在瑞典身上，因为这个国家从来没有试图禁止宪法或破坏他们想要的和解。加拿大就不能说是这样的情况了。任何魁北克方面的叛乱迹象要么被巨额的腐败所收买——这不是什么新鲜事（参考"赞助丑闻"）[1]——或者以其他某种方式被压制。此外，他们的做法还尝试或者成功破坏了魁北克人的自信心。这正是皮埃尔·特鲁多的做法，也是他的整个行事方式。不幸的是，瑞内·勒维克（René Lévesque）对魁北克及魁北克人缺乏信心，所以他信以为真。他会说，是的，这可能会毁掉我们的经济。

---

[1] 本采访是在调查委员会就名为"戈梅里回扣"的赞助计划和广告活动举行公开听证会后不久进行的。这一"赞助丑闻"显示，有数百万美元汇入魁北克，目的在于支持"加拿大身份"、打压"魁北克身份"。这一丑闻撼动了由让·克雷蒂安领导的加拿大政府。加拿大自由党领导人和与该政党相关的公关公司也制订了一个回扣计划，以资助竞选活动。——原注

菲尔波特 所以他被骗是因为对魁北克人民欠缺自信?

雅各布斯 对,另一个原因在于他不明白为什么事情会崩溃。事情崩溃通常是因为一个非常平庸的理由。至少在西方,经济上的崩溃没有什么宏大的原因。一般是因为当时的创业投资者只想无限期地重复自己,却不知道该何时停止。这么做是不行的。于是,最终房地产、汽车热或其他推动事情发展的行业都慢慢失去了客户。

菲尔波特 他们也没有计划重建或替换?

雅各布斯 实际上,替换不是计划出来的,而是自然而然发生的。但他们没能找到可以鼓励替换的方式。事实上,他们找到了抑制替代可能性的方法。就像现在将天知道多少钱投入油砂的石油公司一样。试想同样数量的金钱和鼓励如果放在非化石燃料会是什么样。但他们就是不这样做!

在一次聚会上,我坐在一名来自埃德蒙顿的焦油砂投资商旁边。我问他为什么这么自信。他说是因为石油的价格。然后我问他是否会建议年轻人以后一直从事这一行业。为什么他有信心?他说是因为中国很感兴趣。我回答:"你知道中国在过去一个世纪陷入了多少麻烦事。你为什么这么自信?"他就是如此。他对中国采取剥削的态度。或许是中国人容易上当受骗,但我们也蓄谋已久。他没怎么详细地说出来。

菲尔波特　你觉得他不应该这么自信吗?

雅各布斯　是的,我认为这件事的基本原理是反成功的。因为它高昂的开发成本这一事实,不是对该行业有利的辩护。该原理违反了收益递减规律[1]。你不能指望递减的收益。

菲尔波特　你是受过训练的经济学家吗?你的专业训练是在哪方面的?

雅各布斯　很少。从宾夕法尼亚州斯克兰顿的高中毕业后,我就不想再上学了。我厌倦了上学,并对这件事非常叛逆。我的父母说我不是必须要上大学。他们说,如果我想去,他们已经存了钱。但我不非得去上学——我觉得这很好。在工作了五年以后——我是一名年轻的工人——我可以当秘书了,因为我学会了盲打。我在二月份离开了学校,因此可以有半年时间在商学院学习更多东西,并且具备了担任秘书工作的能力。所以我去了纽约。此外,因为斯克兰顿是一个煤炭城镇,这里产无烟煤这种优质煤。纽约的法律规定这是唯一可以出售的煤炭品种。在第

1　收益递减规律(law of diminishing returns),经济学术语,指在投入生产要素后,每单位生产要素所能提供的产量增加发生递减的现象。

一次世界大战期间，所有这些规定都被打破了。因此，在战后不久、大萧条开始之前，斯克兰顿就陷入了萧条之中。

菲尔波特 所以你是自学成才？你所有的理论和书籍都是独自研究出来的吗？

雅各布斯 在其他人的帮助下。

菲尔波特 在你最近出版的《集体失忆的黑暗年代》一书中，有一章题为"成绩证书与教育"。你觉得"证书主义"对教育不利，会抑制人们的好奇心和智力，阻碍新想法的产生。

雅各布斯 我自己对这个问题的态度越来越激进了。关于经济、宏观经济如何形成和组织自我，以及这种生活类型来自何处，我有了一个全新的假设。但这与关于经济生活的标准理念非常不同。有些人相信这个假设，因为它不是我编造出来的，我称之为"发现经济"。假设中的一切都已经存在，并正在发生。它解释了很多在一般经济学理论中只是一带而过或被忽略的问题。但我知道自己为什么要这样做。首先，这很有趣；我认为真相比胡扯更有趣。

菲尔波特 最初梅西讲座的主题是"加拿大城市和主权协会"。出于你关于城市运作的想法，你在这些讲座和书中支持主权。你觉得自己在 1980 年撰写的关于蒙特利尔和多伦多的文章是不是已经被证明是正确的？你提出的假设认为，魁北克对于蒙特利尔成为一个独立于多伦多的大都市的需求，是建立在魁北克本身能够独立运作的基础上的。你认为这在今天仍然适用吗？

雅各布斯 是的。我认为部分原因在于货币，国家货币。多伦多确实会动摇加拿大的国家货币，这种情况通常会带来损害。这并不是出于谁的主观意愿，只是对与之进行交易的城市自动产生损害。

菲尔波特 因为货币价值是由多伦多的情况决定的？鉴于欧元区的现状，你仍然支持魁北克货币吗？

雅各布斯 是的。而且，我认为欧洲人，西欧国家，抹去这些种类的货币来支持未知的输赢，这是一个错误。或许法兰克福会胜出。结果不可能有利于剩下的其他国家。在有不同货币流通时，欧洲有很多有利的发展条件。看看这么多世纪以来欧洲的发展，是的，它们陷入了这些战争，而战争几乎毁灭了所有。它们也建立了许多关系，这些关系不涉及互相争斗，而是相互学习，并以对方的成功为基础。

菲尔波特 如果你现在身处法国，会投票支持还是反对欧盟宪法？[1]

雅各布斯 我会投反对票。但是，我认为反对也不会有太大的用处，除非展开大量相关的讨论和辩论，让大家知道为什么是这样，否则只会让足以引发怨恨和固执这样非常令人厌恶的因素填补这一真空。

菲尔波特 你经常接受媒体的采访。他们问过你有关魁北克的问题吗？

雅各布斯 不，实际上从来没有。你是第一个！

菲尔波特 然而，很少有英文书像你这样讨论这个问题？

雅各布斯 在我的研究中，没有发现任何讨论这一问题的英文书籍。

菲尔波特 所以人们对你怎么得出这个结论并不感兴趣。你很了解蒙特利尔吗？

雅各布斯 不太了解。我去过几次。魁北克的记者有点感兴趣。其他地方的记者不关心。

菲尔波特 自1980年代以来，随着"全球化"这一新流行语的出现，你觉得情况发生了变化吗？

---

[1] 2005年5月29日，也就是采访结束的三周后，法国举行了公民投票。56.8%的法国选民投票反对欧盟宪法。——原注

雅各布斯 没有，人们总是会忽视贯穿经济生活的共同主线，而我们仍处于这些事情的早期原始阶段。全球化是最早出现的情况之一。黑暗的中世纪结束后贸易开始复苏，那时就非常国际化。撒丁岛将奶酪卖到每个欧洲城市和可能的市场，就只卖奶酪。我将这类地方称为"供给地区"。我举了一个例子，说明当许多城市团结一致时，它们实现目标、组建一个供给地区的力量是多么的强大。

菲尔波特 所以市场变得国际化的全球化理念，基本是过去已经发生的事情的延续？

雅各布斯 是的，全球化在 1200 年左右就已经开始了。在中世纪以前的古典时代就已经展开。

菲尔波特 你来自美国。在你看来，美国对魁北克的主权会有什么样的反应？

雅各布斯 有些加拿大人害怕美国会试图利用和夸大这一点，威吓加拿大人参与到他们的计划当中，我觉得这些人在一定程度上是正确的。毕竟美国现在对加拿大感到很气愤，因为加拿大没有参与到他们对伊拉克的战争中。

菲尔波特 那么美国可以趁机占这个变弱了的加拿大的便宜？

雅各布斯　他们可以尝试这样做。

菲尔波特　你觉得这种情况可以避免吗？

雅各布斯　可以。即使美国这样做了，即使他们成功了，也只会在加拿大因为太过害怕和温顺而表示应允的情况下才会发生。

菲尔波特　我曾经就一本书采访过加拿大英语区的一些政界高层，他们说魁北克不能与加拿大分开，因为加拿大会因此消失。而你并不相信这种情况会发生，除非加拿大自己决定放弃？

雅各布斯　正是如此。但是，有时候一些国家确实会这样做，他们决定放弃。我对于提出的新假设感到有些紧迫，但怀疑它不一定会被接受。如果被接受了，人们对于这一选择又会有错误的解释。那么为什么要烦恼，为什么要干涉？

好吧，我不得不问自己。普通人也可能对经济作出巨大贡献，有时候甚至自己还不知情。接下来的事情还没有计划好，就这么发生了。人们很少计划。随着时间的推移，我希望大家逐渐理解，人类所有的经济成就都是由普通人创造的，不是来自高级知识分子、精英人士甚至是超级英雄。如果不理解这一点，大家很可能倾向于相信自己或者认识的人都没办法完成这件事，因为他们过于普通。

菲尔波特 他们自我认知的形象阻止了对自己能力大小的认识？

雅各布斯 是的。

菲尔波特 你认为这也是发生在瑞内·勒维克身上的情况吗？他对魁北克人可以取得的成就缺乏信心？

雅各布斯 是的。

菲尔波特 在《集体失忆的黑暗年代》一书里，你也谈到了辅助性原则和财政责任。非常有趣的观点！这些观点也会再一次支持魁北克主权。

雅各布斯 绝对的。看看政府在面对"戈梅里回扣和赞助丑闻"并以文明的方式解决这个问题上是多么的无能，这种无能在不断腐蚀整个国家。

菲尔波特 请详细说明。

雅各布斯 嗯，加拿大英语区，或者说英语区的政要，或是在魁北克掌权的那些感到害怕的权威人士，试图以收买魁北克人的方式来平息一切，并声称一切都解决了，但实际上显然没有。这似乎是相对于运用武力而言更有希望的方式。正如我所提到的，特鲁多处理得非常好。问题在于售卖魁北克的方式。这种行为忘记了主权。告诉对方他们的经济利益在别处。这基本是在收买魁北克。当你要收买别人，尤其是想要通过这种方式改变他们根深蒂固的原则时，交易的性质就会自动变得非常腐败。这些人必然会在他们未来的处境上受到欺骗。

我的一位朋友正在蒙特利尔出差，他还参观了（关于戈梅里回扣的）一些会议。他说，观察魁北克人会非常受教，看看他们是多么的愤怒。他们的脸色如此凝重，他们不喜欢这样，并且感到很生气。所以我说，他们在生什么气？事实上，他们发现自己被骗了。他们第一次意识到，他们过去曾经一次又一次地上当受骗。

菲尔波特　　自由党的赞助丑闻绝不是一件小事，你同意这个看法吗？

雅各布斯　　是的。这是他们的政策，并且将继续保持。他们还会这样做。这是他们唯一知道的方法。我甚至能预见到将来会是什么样子。

菲尔波特　　将来是什么样子？

雅各布斯　　你可能会觉得我疯了。联邦政府会为这种事情索要巨额的赏赐，并且他们不能太依赖于从多伦多获得无限量的资金。我认为联邦政府已经有了新的想法。我会直言不讳地告诉你我对此的看法，然后说明我对现有证据的解读。

我认为这是一个全国性的赌博融资计划。证据有：

首先，现在只有谣言和耳语。这里发生过一场导致市长变更的大规模争论：是否应该开发多伦多岛，并建造一座桥梁。这个项目既不会有经济贡献，也对运输无益，但可以由联邦政府完成，因为联邦政府设有港务局，这是一个非常荒谬的机构。

联邦政府也可以做一些有利于经济的事情，比如，为从罗切斯特来的渡轮建设渡口。这被视为应该被去除的东西。没有便利设施，也没有尊重。这很奇怪。为什么他们认为应该去除渡轮，然后又想把钱投入岛屿和桥梁？据传言，这永远无法成为可以盈利的明智的交通计划，他们觉得那是一个建设赌场的好地方。机场也是其中的一部分。那些公款旅游，或者说来赌博的公务员可以直接到这里，这里会变成一个金矿。赌场将由联邦政府在公海里运作：港务局把持着这里需要的所有法律权力。

这个赌场可以用来筹集资金收买魁北克，也可以作其他用途。无论联邦政府需要钱来做什么，赌场都可以筹集很多。还有英属哥伦比亚的一个交通计划，这个计划很愚蠢，并且完全违背了现任总理之前关于温哥华高速公路的说法。因此遇到了很大的压力。

菲尔波特	你目前在忙什么？
雅各布斯	我马上要在2006年出版名为《发现经济》的书。

再下一本书写起来应该非常有趣，名字叫《悲伤的人类简史》。[1] 目前还很简短。并不是说我预期人类的进化历程会很短，这个过程非常长，但到目前为止还很简短。而且我们距离进化的起点比我们意识到的还要接近，尽管我们自认为已经很先进了。

我想说的是，我们的经济从一开始就没有过变化，全球化当然也不是一件新鲜事。

菲尔波特 你觉得经济学家、政治家和公众人士为什么会如此广泛地传播全球化这个词呢？这给话语带来了重大变化。

雅各布斯 他们喜欢认为事情发生了变化，这样就可以忘记自己犯过的所有错误，不需要再去解释：好吧，那是因为全球化、网络，等等。

菲尔波特 你认为网络是把大家聚到了一起，还是拉开了人与人之间的距离？

雅各布斯 它将一些人聚集在一起，又把他们与其他人分开，就像语言一样。但网络远没有语言本身的那种革命性。

菲尔波特 网络的影响力可以和印刷机媲美吗？

---

[1] 雅各布斯于 2006 年去世，这两本书均未面世。

雅各布斯 我认为它们一样重要。只要想一想印刷机对于通信的意义,以及这种变化发生的速度。一夜之间,维也纳就出现了六十个新的出版商。这并不是出自任何人的规划,而是时机成熟后自然而然发生的一个巨大变化。普通人开始做事时,不会知道剧变正在发生。

菲尔波特 你说"只有零星轶事是唯一真实的证据",这句话是想表达什么意思?

雅各布斯 还有其他什么证据吗?经济学中有统计数据。但人们什么时候有兴趣做统计了?如果不进行统计,就永远得不到结果。这就是问题所在。人们没有足够的兴趣来统计本来应该统计的东西。

菲尔波特 人们没有统计应该统计的东西?

雅各布斯 是的,因为他们不感兴趣。他们只对传闻轶事这类证据感兴趣。在人们产生兴趣以前,这是唯一的证据。

菲尔波特 即使统计结果也都是基于轶事,因为这些数据是建立在某人做某事的故事之上。

雅各布斯 不管证据是什么,都非常的薄弱。经济学家已经做过一些事情,比如计算流通中的货币。但他们为什么关心?正是因为一些轶事激起了他们的好奇心。

菲尔波特　如今在政治经济学和政治学领域，所有的东西都建立在民意调查的基础之上。这些不是显然背离了你所说的轶事证据的重要性吗？大家总是拿最新的民意调查来证明事情。

雅各布斯　民意调查可以通过问题的类型进行操纵。是某种轶事证据激起了人们提问的好奇心。61%的加拿大人相信某事。诸如此类的想法从哪里来的？来自全能的创造者？还不是源自人们讲述的故事。

菲尔波特　芝加哥热浪发生以后，你在《集体失忆的黑暗年代》一书中也特别强调了这一点？[1]

雅各布斯　做那项研究的人完全是根据轶事证据。他们开始汇集资料时，数据就已经错了。不过是噪声而已。

菲尔波特　他们没有问对问题，然后还试图证明某些事情，好把责任归咎给受害者？

雅各布斯　我从来没有得到任何反馈。而且我认为芝加哥的情况很有启发性。芝加哥的问题在于"证书主义"。事情被事先规定，并且是错误地规定。因为所有参

---

[1] 在《集体失忆的黑暗年代》一书中，简·雅各布斯将芝加哥热浪发生以后一项关于穷困老年人高死亡率的"屁用没有"的官方调查，与芝加哥一位年轻社会学研究生的调查进行了对比。后者随后以《热浪：对一场发生在芝加哥的灾难的社会学解剖》为书名，于2003年由芝加哥大学出版社出版。雅各布斯说，这位年轻的社会学研究生"讲述了从现实世界中汲取的鲜活的真理"。——原注

与这项研究的人都有自己的证书。

菲尔波特　支持的一方在1995年的魁北克公投中的参选口号是"Oui et ça devient possible",即"支持就有可能"。他们用代表和平、工作、鲜花或世界地图的图形作标志,来展示未来的可能。在你看来,如果魁北克拥有主权,会发生什么?

雅各布斯　现在那里作为自治市、郊区或它们的集合,有很多力所不能的事情。虽然现在不可能,但未来或许可以,因为这些地方将拥有更多的权力。自治市会成为行政系统中的第二级。

菲尔波特　如果魁北克省获得自治权,蒙特利尔市和魁北克市都会获得更大的权力吗?

雅各布斯　是的,中间一层的管理机构将消失,少一个管理层。自治市将成为第二级管理层。

现在遇到的一个麻烦是,我们总是试图将完全不同的各个市视为拥有相同可能的同类,让它们统一行动,具有相同的可能性。实际情况并不是这样。魁北克省的一些大城市内部包含了对其自身大部分实际问题的解决办法,使得这些城市有了更多不同的可能性和行事方式。

对于非常小的城市来说就不是如此了。这些城市没有那样的技术、联系和多样性。

菲尔波特　你提到蒙特利尔正在成为多伦多那样的区域性城市。如果魁北克获得独立，蒙特利尔在魁北克扮演的角色会发生变化吗？

雅各布斯　它会像欧洲的城市，包括巴黎、哥本哈根、斯德哥尔摩，可能还类似法兰克福，当然还有柏林。这些地方拥有独立性，因此发挥了重要的作用。因为它们都是自给自足。

菲尔波特　而且不需要供养其他城市？

雅各布斯　要知道，城市从来都不能独自繁荣。它们必须与其他城市进行贸易往来。我的新假设说明了原因。但是，在交易的过程中，各个城市所处的发展阶段不能差异太大，也不能复制他人的发展轨迹。供应地的那些落后的、年轻的或是刚刚建立起来的新城市，在很大程度上需要互相帮助才能发展。这是帝国可怕的一点。帝国只希望这些小城市和自己交易，这种做法对于小城市来说根本没有帮助。不过是帝国剥削它们的一种方式。

菲尔波特　你认为多伦多和蒙特利尔、金马蹄地区和魁北克市之间的逻辑关系，和这种来自帝国的剥削一样吗？

雅各布斯　是的。

菲尔波特　打破这种逻辑的方法就是让魁北克独立并能够和多

伦多平等交易？你还说我们需要停止对加拿大英语区排除魁北克的幻想，像美国对古巴那样，因为这对每个人都有害？

雅各布斯 当然有害。没有一定程度的独立性，就不可能有良好的交易环境，交易也就无法有建设性。当交易环境改善，就会带来双赢的局面；但如果竞争过于激烈，就会变成非赢即输的结果，甚至可能两败俱伤。

菲尔波特 你是说如果没有建立合作的氛围吗？

雅各布斯 从本质上讲，健康的贸易会带来双赢。那些靠与他人斗争来获取人生乐趣的人都是非常不合格的交易对象。他们只想要主宰全局，而不是找出让大家都受益的方式。从这个意义来看，现在的全球化已经不是过去单纯无害的样子了。

菲尔波特 因为全球化中开始出现主宰的局面了？

雅各布斯 全球化中主宰的现象越来越严重。这种现象无法持续，于是这种主宰的势力——现在是美国——崩溃了。

菲尔波特 你预见到现在的局面了吗？

雅各布斯 是的。

菲尔波特 未来会是什么样子？

雅各布斯 这种崩溃开始会显得很平常乏味……投资的企业家希望继续做他们一直在做的事情。到了一定时间，没有了足够的顾客，就会形成一个商业周期。关于商业周期有意思的一点在于，它不会发生在小型或落后的经济体身上，而只存在于城市经济和发达经济体中。这很有趣。为什么？这是我在《发现经济》这本书里讨论的另一个问题。这和城市的爆炸性增长相同。事情的发生总有原因。

经济学，尤其是传统的经济学，就是一个滑稽的笑话。它与现实无关，只关乎人的愿望：关于我们希望经济是什么样子。经济学和我们现实生活中看到的东西毫无关联，也无法解释其中的奥秘。

菲尔波特 你在 1979 到 1980 年撰写了《分离主义的问题：魁北克和主权争夺》一书。如果现在重写，还会得出同样的结论吗？

雅各布斯 是的，不是因为我已经构思好一切，而是因为现实世界就是如此，并且我的观点仍然适用。

简·雅各布斯　JANE JACOBS

于1916年出生在宾夕法尼亚州斯克兰顿,是一名医生和一名护士的女儿。高中毕业后,她在《斯克兰顿论坛》(*The Scranton Tribune*)短暂做过无偿的助理工作,并于1934年搬到纽约市,从事秘书和自由撰稿人工作,并在哥伦比亚大学通识教育学院上课。1952年,她成为《建筑论坛》的特约撰稿人,并于1961年出版了《美国大城市的死与生》一书。在书中,她尖锐地批判了20世纪中叶的建筑规范并提出了规定性建议,该书可能是20世纪最具影响力的城市规划书籍之一。这本书对建筑规划、建筑艺术和城市社会学领域产生了广泛影响,后来成了新城市主义领域的灵感来源。雅各布斯也是一名城市活动家:在1950和1960年代,她反抗了可能改变自己所居住的格林威治村的提案,包括曼哈顿下城高速公路计划。在后来的几年,雅各布斯撰写了关于经济和社会关系领域的文章。她的其他著作包括《城市与国家财富》《分离主义的问题》和《集体失忆的黑暗年代》。雅各布斯和她的家人在1968年搬去了多伦多,直到2006年去世前一直在那里生活。

伊芙·奥金克洛斯　EVE AUCHINCLOSS

作家兼编辑,曾就职于《佳人》等刊物,是《纽约书评》的撰稿人。

南希·林奇　NANCY LYNCH

《佳人》杂志的撰稿人。

罗伯塔·布兰代斯·格拉茨　ROBERTA BRANDES GRATZ

一位屡获殊荣的记者兼评论家,著有《鲜活的城市:大视野,小问题》(*The Living City: Thinking Small in a Big Way*)、《濒危城市的回归:市区的新生》(*Cities Back From the Edge: New Life for Downtown*)、《哥谭之战:罗伯

特·摩西和简·雅各布斯影响下的纽约》(*The Battle for Gotham: New York in the Shadow of Robert Moses and Jane Jacobs*)和最近出版的《混蛋们,我们还在:新奥尔良人民重建城市记录》(*We're Still Here Ya Bastards: How the People of New Orleans Rebuilt Their City*)等。格拉茨在2003至2010年间供职于纽约市地标保护委员会。她和简·雅各布斯共同创建了"活着的城市"中心(The Center for the Living City)。

詹姆斯·霍华德·昆斯特勒 JAMES HOWARD KUNSTLER

创作过13本小说,包括《手作城市》(*World Made by Hand*)、《希伯伦的女巫》(*The Witch of Hebron*)和《春天的犁耙》(*The Harrows of Spring*),以及5本非虚构类作品,如《漫长的紧急》(*The Long Emergency*)和《无名之地的地理》(*The Geography of Nowhere*)。他曾经参加过TED大会,并在哈佛大学、耶鲁大学、哥伦比亚大学、康奈尔大学和麻省理工学院等高校进行讲座。他住在纽约州北部。

罗宾·菲尔波特 ROBIN PHILPOT

作家兼翻译,同时是巴拉卡出版社的出版商。他撰写了有关国际政治、魁北克和加拿大政治问题的6本法语书籍。他还是《卢旺达和新非洲争夺战》(*Rwanda and the New Scramble for Africa*)的作者,也是《魁北克的人民史》(*A People's History of Quebec*)一书的合著者。他住在蒙特利尔。